京浜東北線怪談

糸柳寿昭 編著
植島 雅
木根緋郷
小森躅也
千山那々
松永瑞香
宮代あきら
宜月裕斗

竹書房
怪談
文庫

まえがき

三つの路線からなる「京浜東北線」は大宮から東京までが「東北本線」。東京から横浜までが「東海道本線」。横浜から大船が「根岸線」というのが正式名称である。

本来ならば、各々の路線にわけるべきなのかもしれない。だが、混乱をふせぐために「京浜東北線」という名が愛称として多く使用されていると耳にした。本書もその意図を汲み、『京浜東北線怪談』とさせてもらったことをご了承いただきたい。

私自身も「京浜東北線」にはずいぶんお世話になっている。現在も倉庫兼スタジオがある川口には頻繁に通い、コロナ禍に入るまで日暮里で怪談稽古場を開いていた。いまも新橋や赤羽、大宮にはよく飲みにいく。都内を中心とした路線はたくさんあるが「京浜東北線」は埼玉、東京、神奈川をシンプルに横断してくれているので大変に有難い限りである。

本書は「京浜東北線」沿線の怪談実話の書籍で、書き手は現在活躍している怪談師たちである。噺家や芸人と同じように、語りの場を主戦場にする者たちだが、怪談師の特徴のひとつに、取材する能力に長けていることが挙げられるだろう。その結果、竹書房の路線シリーズにおいては珍しく全駅の怪談が集まる結果になった。もちろん読者のなかには「とあるマンションでの怪異の話」を読んで、とくにその駅である必要はない、と感じることもあるかもしれない。それでも、まぎれもなくその土地で起こった怪談を集めたことだけはたしかなので、寛容に受けとめていただき、恐怖に想いを巡らせてもらえれば幸甚である。

もしもお時間があるならば、「京浜東北線」の電車に揺られながら本書を読みふけりつつ、ときおり車窓に目をやり、この世ならざる者たちの存在を肌で感じていただきたい。

私も含めた怪談師たちの取材にご協力いただいた多くの方々をはじめ、竹書房怪談文庫編集部の菅沼圭一朗さま、小川よりこさまに心より厚く御礼申しあげる。

糸柳寿昭

※本書は体験者および関係者に実際に取材した内容をもとに書き綴られた怪談集です。体験者の記憶と主観のもとに再現されたものであり、掲載するすべてを事実と認定するものではございません。あらかじめご了承ください。
※本書に登場する人物名は、様々な事情を考慮してすべて仮名にしてあります。また、作中に登場する体験者の記憶と体験当時の世相を鑑み、極力当時の様相を再現するよう心がけています。今日の見地においては若干耳慣れない言葉・表記が記載される場合がございますが、これらは差別・侮蔑を助長する意図に基づくものではございません。

目次

浦和
南浦和
蕨
西川口
川口
赤羽

日暮里　鶯谷　上野　御徒町　秋葉原　神田

都会の怖さ

北関東の田舎町に住むA君が、都会は怖いといって話してくれた。

この春、彼は一か月の長期出張で大宮のビジネスホテルに連泊することになった。

家に帰れば妻子はいるが、せっかく都会に来たのだからと、仕事終わりは毎晩のように駅前の飲み屋街で羽目を外して楽しんでいた。


ある週の木曜日、出張先で仲良くなった歳の近い男性とともに相席居酒屋に行くことになった。

そこで運よく二十代前半、専門学校に通う可愛い二人組の女の子と意気投合した。

二人とも髪が長くゆるいパーマ。服装はロングのワンピースと清楚な印象だ。

A君が、自分は出張中で駅近くのホテルに泊まっていることを告げた。

女の子の一人は、そのホテルのすぐ近くのマンションに単身で住んでいるという。

すごい偶然だねと驚いていると、女の子のほうから、いまから自分の部屋で飲み直さな

いかと提案してきた。A君たちは、初対面の男を部屋に上げるとは、もしかしてそういうことなのかなと淡い期待を抱いた。

居酒屋を出て、コンビニで酒を大量に買い込んでからお邪魔することになった。中に入ると一人暮らし用のワンルームで、多少生活感はあるものの部屋は綺麗に片づいていた。

深夜三時。酒が進み、どんどん場が盛り上がる中で、部屋の主である女の子がおもむろに立ち上がった。

そしてキッチンからラベルのない一升瓶を持ってくる。

「それ、なんのお酒なの」とA君が尋ねてもそれには答えず、

「健康にめっちゃいいし、テンション爆上がりするから」と繰り返すだけ。

それから彼女は見せつけるかのように瓶に直接口をつけて飲みはじめた。

ゲラゲラと大声で笑いながら、美味《おい》しいからとA君らにも飲むように勧めてくる。

A君はだいぶ酒が回っていたが、そんな怪しいものに手は出せないと判断できる冷静さは残っていた。

もう結構飲んでいるし自分は遠慮する、と伝えると女の子は表情を一変させた。

眉毛を吊り上げて、文字通り目を三角にして睨《にら》みつけてくる。

「おいクソガキ。ふざけんなよ、飲め」

どこから出しているのかわからないが、野太い男の声で怒鳴った。

A君はその声に内心ひどく恐怖したが、翌日も仕事があるから帰らないといけないと頑《かたく》なに断った。連れの男を見ると、すでに口をつけたようで瓶を片手に持ったまままもう一人の女の子と激しくキスをしていた。

A君は呆れて、明日早いし先に帰るからな、と彼に告げて玄関に向かう。

だが女は「絶対に帰さねえぞ」と足にまとわりついてくる。引きずりながらも、ようやく玄関まで行く。すると、履いてきた靴がなくなっておりドアはしっかり二重施錠されていた。

直感で、これ以上ここにいてはやばい、と思った。

彼は靴を諦めて、なんと靴下のままホテルまで帰ったそうだ。

翌日、連れは会社に出社してこなかった。心配したが午後になって体調不良のため休む、という連絡があった。月曜日には出社してきたが顔には多数の引っ掻き傷、首には包帯を巻いている。どうしたのか、やはり何かあったのかと問いただす。

彼は周りに人がいないのをよく確認したうえで包帯を外してA君に見せた。

彼の首の皮膚は紫色に変色しており、はっきりと指の痕《あと》が残っていた。

曰《いわ》く、部屋に上がってからの記憶がかなり曖昧《あいまい》らしい。

A君が先に帰ったときの記憶もないそうだ。

ただ朝方、目が覚めたときに、あの狭い部屋の中に見知らぬ半裸の女たち七、八人が床に寝転がっているのを見て自分の目を疑った、と。

男は自分一人。顔や首がヒリヒリと痛むので、手をやると血だらけだった。

状況はまったく理解できない。だが何かがやばいと察したらしい。

女たちが起きる前に、と慌ててマンションを飛び出したそうだ。やはり靴下のまま。

A君は念のため「お前やったのか」と尋ねた。

彼は目を逸らし「記憶がないからわからない」としか答えなかった。


のちに知ったことだがホテル付近の路地裏で薬物を過剰摂取したと思われる若い女が遺体で見つかっている。道端で首を切りつけられ死亡する事件もあった。

A君の出張中には、同ホテル内でかなり歳の差のあるカップルが遺体で見つかった。原因は不明だが、この場所が呪われているのか、これが「都会の怖さ」そのものなのかはわからない。

陽気な男たち

その日、Yさんは彼女の買い物に付き合って荷物持ちとして大宮までついてきた。

駅ビルに入るショッピングセンターを一緒に回っていたが、まだしばらくかかるという。

彼はひとり喫茶店に入り時間を潰すことにした。

そこは彼のお気に入りの店で、値が張るけれども上質な珈琲を提供する。

店内は狭いながらに多くの客で賑《にぎ》わっていた。

Yさんは奥の二人がけの席へと通された。飲み物を注文し一息つく。

すると、背中側のボックス席から弾けるような笑い声が聞こえてきた。

くもりガラス調のパーテーションがあり、はっきりとした姿までは見えない。

シルエットと声で判断するに四、五人の中年男性グループだろう。

敬語と友だち口調が混ざっているがずいぶんと仲が良さそうだ。

雰囲気から察するに同じ会社の先輩後輩だろうかと想像した。

(男同士で集まって楽しそうでいいな)

そんなことを考えながら彼らの会話を聞くともなしに聞いていた。

すると、男の一人がはっきりと言った。

「挟まれて内臓が出て死んでしまいました、皆様大変お世話になりました」

Yさんはその言葉に度肝を抜かれた。聞き間違えではない。たしかにそう言った。

その言葉を受けて残りの男たちも、

「あはははは」と大声で笑いながら、ひどく面白い言葉を聞いたかのようにおかしげに手を叩いている。

「ありがとう」「ありがとう」「ありがとう」彼らは口々に言った。

男たちの陽気な雰囲気、場にそぐわない気味悪い言葉。

矛盾する情報にYさんはすっかり困惑した。

思わず席を立って彼らの姿を直接確かめようとした。だが、

「ではいきましょうか」

「そうだね」

そう言って彼らは消えてしまった。

日本の車窓から

自宅に帰るため、A夫さんは京浜東北線を使い赤羽から大宮方面へ向かっていた。車内で手持ち無沙汰になったのでなんとなく向かいの車窓から町が過ぎ去っていくのをぼんやり眺めていた。大宮が近くになるにつれ、住宅街からビル群へと変わっていく。

外を眺めていたA夫さんは「えっ?」と思わず声を漏らしてしまった。

向かいの景色に黒い塊《かたまり》のようなものが浮いている。それはかなり高い位置を飛んでおり、幅もビルと同じぐらい巨大だった。不思議に思って眺めているとその黒い塊はゆっくりと移動していく。

(このままじゃぶつかるのでは?)

注視していた黒い塊はビルにぶつかり、そのまま貫通した。

まるでビルに吸い込まれるように消え、反対側からまた現れたのだ。そのまま同じ方向にまたゆっくりと移動していく。A夫さんは自分の目を疑ったが、何度見返しても黒い塊

大宮
おおみや
Ōmiya

はある。どうなるのか最後まで見届けていたい気持ちとは裏腹に、車窓から見えなくなってしまった。

電車が止まってから先ほどの場所を眺めてみたが、黒い塊や見間違えるようなものはどこにもなかった。


先ほどの体験から何か月も経ったある日のことだ。

散歩がてら大宮方面へと向かっていた。晴れたいい天気のなか線路沿いを進んでいくと、道の先にあの黒い物体が落ちていた。ビルの中を漂《ただよ》っていた黒い塊をそのままサッカーボールほどに小さくしたようなものだ。

（あのときのアレかな？　近くでみたいな）

A夫さんは歩調を速めた。

捕まえてみたいという好奇心が湧き出てきた。ところが黒い物体はこちらから遠ざかるように、もそもそと動きながら離れていく。このままでは逃げられると思いさらに速足になった。すると、黒い物体も速く離れていく。負けじと足が速くなり、ついには、駆け足になった。ところがA夫さんは急に立ち止まった。体温からくる汗とは別の冷たいものを感じた。

黒い物体は離れていくのをやめて横を振り向いたように見えた。そして電柱の根本へ移動すると、硬いアスファルトがゼリーのように柔らかくなった。黒い物体はそこにゆっくりと沈みこんでいく。そのままますべてが見えなくなると、またアスファルトはもとに戻った。

携帯電話も普及していない二十年ほど前のことである。

現在もA夫さんはあの黒い物体を探している。

今度こそもっと近くで見たい。あのときは怖気《おじけ》づいてしまった。今度こそ正面で見たい。

怖さとは別の魅了される何かが、アレにはあった。

人違い

二〇二二年八月、ある週の土曜日のことだ。

Y美さんは電車に乗って大宮にある星つきホテルへと向かっていた。

女友だちと二人で話題のアフタヌーンティーに行く約束をしていたからだ。

十四時にホテルのロビーで待ち合わせだが、Y美さんが着いたのは十三時半。

だいぶ時間に余裕がある。ロビーのソファーに座って待つことにした。

ほかにも待ち合わせ目的であろう若い女性が数人座っているのが目についた。

「すみません、サツキさんですか」

突然、スーツを着た見知らぬ中年男性が声をかけてきた。

髪は整えておらず白髪交じり。靴は汚れておりなんだか場違いに感じた。

「え、違いますけど」

「あ、人違いです。失礼しました」

男性はひどく驚いた表情を浮かべて逃げるようにその場を離れていった。

彼も誰かと待ち合わせだろうか。周りをよく見ると年齢差のあるカップルがやたら多いことに気がついた。もしやこれが近頃騒がれているパパ活というものか。

（自分は友人と食事に来ただけなのに。そんな風に見られていたら嫌だな）

そんなことを考えながら手元の携帯電話に目を落とした。

しばらくして再び頭上から男性の声がした。

「すみません……サツキさんですよね」

先ほどの中年男性だった。

「……いえ」

Y美さんがそっけなく答えると男性は無言で会釈し去っていった。

（違うって言っているのに、いったいなんなのよ）

周りには自分以外の女性も座っている。誰と勘違いしているのかわからないが、はっきりと否定したにもかかわらず執拗《しつよう》に声をかけてくる意図がわからない。

Y美さんは不快に感じ、鞄からイヤホンを取り出し耳にはめて音楽をかけた。

五分も経たないうちにすぐ隣に人が座った。肩が触れ合う距離だ。

友人が来たかなと横を向くと——先ほどの男が座っていた。

男は無表情のまま口をパクパクさせて言った。

「サ・ツ・キ」
Y美さんは怖くなった。慌てて立ち上がりレストランの中へと逃げ込む。
後ろを振り返ると、男はこちらをじっと見ているだけで追いかけてこなかった。
待ち合わせの時間になり、ようやく友人の姿が見えて心底安堵した。
興奮しながら先ほどの出来事を伝えると彼女は、
「それって変態？　あ、幽霊だったんじゃないの？」と冗談交じりに言った。
だがY美さんは「そうかも」と妙にしっくりきたという。

花街

Gさんという四十代男性が体験した話である。

Gさんは会社員をしており、休日は出先でレトロな建物を写真に収めるのが趣味だった。特に昔ながらの花街の風合いを撮るのが好きで、歴史を感じる建物の片鱗を探し歩いた。

その日は、大宮を散策することにした。大宮の北銀座《きたぎんざ》という場所は昔から花街として栄えており、いまも風俗街としてその歴史を重ね刻んでいる。大宮駅東口を出て北銀座通りを進むと大栄橋《だいえいばし》がある。その高架をくぐると風俗街が広がっている。カメラを片手に面白そうな建物はないか見て回った。すると、解体中だったとあるソープランドの建物が目に入ってきた。建物全体に白い幕が貼られており、その隙間から見えるのはひどく煤《すす》けた壁であった。ほとんど中が見えないのだが（この建物が撮りたい）と、まるでとり憑かれたようにカメラのシャッターを押していた。自分でも理由はよくわからなかった。

大宮を散策したあと自宅に戻ると、玄関先で愛猫がGさんを迎え入れてくれた。しかし、猫はいつものように顔を擦《こす》りつけるわけではなく、Gさんのニオイを嗅ぐといきなりその

手を噛んできた。猫を撫でようとすると避けられ、それからしばらくは近づかなかった。（気まぐれな奴だしな……）とあまり気に留めなかった。散策で疲れてしまったので、そのまま風呂に入って眠った。

翌朝、自分の部屋を出て一階の居間へと階段を下りていくと、ちょうど踊り場に差しかかったところで違和感を覚えた。何者かの視線を感じる。周りを見渡したが何もなかった。自分の家でこんな違和感は初めてであったが、ただの勘違いと思うことにした。しかし、それからというもの毎日のようにこの階段の踊り場で嫌な視線を感じるようになってしまった。さらに、この視線は徐々に強くなっていく。

「気持ち悪いな……」

幽霊の類をほとんど信じていないGさんも、階段を上るのが怖くなってしまった。しかし、踊り場を通らなければ自室に行くことができない。自宅だというのに足早に顔を伏せながら階段を上るようになっていった。

ますます視線が強くなってきたある日、階段を上るのを躊躇《ためら》っていると、自分のすぐ横を家猫が階段を駆け上がっていった。踊り場の部分を睨みつけているかと思うと、いままで聞いたことのないような声で威嚇《いかく》しだした。背中を最大限に曲げ、尻尾は倍以上に膨《ふく》れ上がっている。呆然とその様子を見ていると、しばらくして家猫は去っていった。

すると不思議なことに、階段の踊り場で感じていた嫌な視線がすっかりなくなった。

Gさんは、ふと先日行った大宮で撮った写真を思い出した。すぐにその写真を撮った場所について調べてみると、過去にそのソープランドで、とある事件があったことがわかった。

Gさんは今回の家での異様な変化は、あの改修工事をしていた建物で魅入《みい》られたように写真を撮ってしまったことと何か関係するのではないかと考えた。当時撮った写真はパソコンに入れて保存していたが、この出来事があってからは写真を見返す気が起きないという。

とある公園

心霊映像関係の仕事をしていたMさんの体験談である。

会社に送られてくる心霊映像の内容を確認し、必要があれば現地取材に行っていた。ある日、こんなビデオが送られてきた。

夏も終わり厚手の上着が必要になってきたある日の夜、とある公園の河川敷近くで男女二名ずつの計四名でバーベキューをしている映像であった。

「デデン！　豚バラ肉〜」

「おまえ、本当豚好きだな」

「美味しいーーーー!!」

周囲には誰もおらず、若者だけで大いに盛り上がっている。しばらくすると、食材とお酒がなくなってしまったので、映像投稿者の男性と一人の女性が買い出しに出ることになった。その道中の映像では男性がカメラ撮影をしつつ、女性が道を歩く姿が映し出されていた。

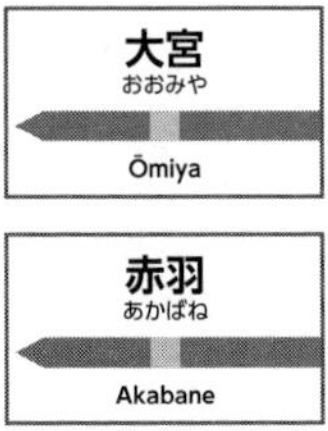

スーパーが近くにあるということだったが、暗い夜道のせいか道に迷い雑木林に入ってしまった。しばらくすると小さな水辺に出た。その奥にある木の上には縄が括《くく》ってある。まっすぐ伸びる紐の先端は丸く、人の頭がちょうど嵌《は》まるほどの輪がつくられていた。

はじめは括ってある縄を笑いながら見ていた二人だが、奥に進むにつれて同様の縄が複数吊るされているのを見て、さすがに恐怖を抱き、カメラ撮影を止めた。

送られてきたビデオは以上の内容であった。投稿者によるとまだ続きがあった。

撮影後、買い出しから戻り、残っていた友人たちに撮っていた映像を見せた。すると、それを見た一人が、

「これ、なんか顔っぽくないですか?」

と言った。その場にいた全員で映像を確認すると、たしかに縄が吊るされていた木に人の顔のようなものが映し出されていた。さらにビデオに映っていた縄を発見した女性は、その後交通事故に遭い病院に長期入院することになったという。

大宮〜赤羽駅にかけて沿線には数多くの公園がある。その中の大型公園で起こった怪奇現象をMさんは同僚と取材に来た。この映像の投稿者の男性も現地取材に付き添ってくれて、

当時のことを詳しく聞くことができた。木に映った人の顔のようなものがあった水辺に着くと、やはりそこには縄が木に括られていた。当時の状況を聞きつつ、同僚と周辺を探索したが、ほかに何かを見つけることはできなかった。

それから四年後、Mさんはこれまでの経験を活かし映像の演出や脚本、撮影や編集を行なうそばで配信者として、個人で心霊スポット廻りをすることが多くなった。

その日は、同僚と心霊スポットの候補を探していた。そこでとある曰くつきの公園が目に止まった。その公園には川を渡るための橋があり、そこは夜になると女性の霊が現れ川に飛び込むという目撃情報があった。心霊スポットとして期待できるような公園ではないであろうとは思ったが、そこで生配信をしながら探索することになった。

真夜中、公園の前で生配信がはじまる。公園での心霊情報を説明しつつ、生配信を見ているリスナーからのコメントを読みながら橋を渡る。夜なのである程度の雰囲気はあったが、特にこれといった現象は起きなかった。そこで橋を渡った先にある森のほうにも足を延ばすことにした。しかし、森のあたりは奥に人が入れる道がなく、ただその森の外周を巡ることしかできなかった。配信の尺もあり、そのまま森の前で配信を終えた。

片づけをしてその場を去ろうとしたとき、ふと森に続く小道があることに気がついた。

「え？　中に入れんじゃん。行ってみる？　とりあえず気になるし、行ってみよう」

好奇心が勝って、そのまま同僚と一緒に森の中に入っていった。人が一人やっと通れる細い獣道で、両脇には竹藪が広がっている。五分ほど進んでいくと、竹藪が広がり行き止まりとなった。

「うわっ、行き止まりだ。なんだここ？」

そう言いながらあたりを見てみると、道の脇に銀色の郵便受けが立っていた。その郵便受けは鍵がかかっており、開けることはできなかったが、Mさんは郵便受けの蓋を指で開けて中を覗《のぞ》き込んでみた。すると、そこには複数のはがきや封筒が入っているのが見えた。その場に似つかわしくない突如現れた郵便受けと、その中に誰が入れたものなのか不明な手紙の存在にMさんは不気味な違和感を感じとった。さらにその奥には、ゴルフネットがかかっている。恐る恐るそのネットをくぐると、広場のように開けていた。よく見てみると、そこには藁《わら》でつくったような座布団が円形に並んでいる。いよいよわけのわからない状況に頭が混乱した。恐怖と混乱で立ち尽くしていると、奥のほうに人の気配を感じた。そちらに目を向けると、三人ほどの人影がこちらを見ていた。

「ッ！　ヤ、ヤバイ！　逃げるぞ！！！」

声を絞り出し、すぐにその場から逃げ出した。後ろから人が追いかけてくることはなかったが、恐怖心で冷静さを戻すのに時間がかかった。

朝方になりやっと落ち着きを取り戻した。そして、昨晩自分が見てしまった人影に対して、あれは人間だったのか、それとも人間ではないものに遭遇してしまったのかと考え恐怖した。しかし、自身の仕事柄このことは調査しなくてはと考えた。すぐに役所に電話をして、公園にあるあの場所について尋ねてみた。すると、役所の人はこのように説明してくれた。

「あそこは昔、ホームレスの方々がいましてね。集まる場所があったみたいなんですが、数年前にホームレスの方には退去をお願いしていまして、いまはもう私どもも関与しておりません」

役所の人の話を聞いて、Mさんはお昼の時間帯にもう一度同じ場所に行ってみることにした。橋を渡り森の周りを歩いていく。しばらくすると、森の中に入れる小道がある。そこでMさんはあることに気づいた。

「あ、俺、昔ここに来たことあるわ……」

夜のうちは気づかなかったのだが、昼にその森を歩いて思い出した。それは、この森は四年前に心霊映像の現地取材に来た場所であったということである。

取材場所は少し離れてはいるものの、同じ森の中に複数の縄が木に吊るされており、その木に人間のような顔が映し出されたという場所であった。Mさんは四年前のことを思い出しつつ、昨日見た郵便受けの場所を訪れた。もう一度郵便受けを見てみると、中身がなくなっていた。

しばらく周りを探索していると、近くを通った人に話を聞くことができた。その人は郵便受けについて知っていた。さらに中を取り出したのは自分だと言った。詳しく聞いてみると、その手紙はすべて宛名がばらばらで、消印の押されていない切手が貼られていたのだという。手紙を開けてまで中身は読まなかったが、はがきに書かれていた文章には感謝や別れの言葉が並べられていた。それを見て、その人は郵便ポストにすべて出してきたという。

最後に、Mさんはその足でまた縄が吊るされてあった森のほうへと足を運んだ。その場所には相変わらず縄が吊るされていたのだが、四年前より明らかに縄の数が増えていた。

鏡の中（集中治療室）

さいたま新都心
さいたましんとしん
Saitama-Shintoshin

このお話は看護師のKさんから聞かせていただいた。

大学生ぐらいから腰の痛みに悩まされ、二十代半ばになり、さいたま市のとある病院を受診した。診断は椎間板ヘルニアだった。あっという間に話は進み、手術の日も決まると即入院となった。

無事に手術を終えるとそのまま集中治療室へ運ばれた。とりわけ異常があったわけではなく、手術後一日だけ集中治療室で様子を見ることになった。本来ならば数日で戻れるはずが、インフルエンザが院内で流行しており、すぐに病棟へは戻れなくなってしまった。

手術による身体へのダメージや麻酔が効いていることもあり、一日目はほぼ眠って過ごし、目が覚めたときには二日目の昼だった。

Kさんのベッドの周囲には何かのモニターや点滴が並んでいる。正面には職員用の洗面台が設置されており、頭を持ちあげると自分の顔が映るくらい大きい鏡が置いてあった。

手術後のやつれた自分の顔を鏡越しにぼんやり眺めていると、何かが頭上でゆらゆらと揺れながら上下に動いているのが見えた。Kさんは動いている丸い物体を不思議に思ったが、ダメージを受けたばかりの身体には眠気が勝り、気がつくと眠りについていた。

ただ集中治療室というのは常に誰かが動いており、物音が絶えない。何かのアラーム音が聞こえるたびに、自分のことかと思い目が覚めてしまう。

状況を確認しようと頭を上げると鏡が見える。先ほどと同じように丸い肌色の何かが頭上で動いていた。

じっと見つめていると丸い何かがゆっくりと回転し、止まった。

人間の生首だった。

大きさは四分の一程度にちぢみ、目は閉じ、口はへの字に曲がっている。

頭上を確認すると生首などない。鏡を見ると映っている。初めて体験する奇妙な出来事に目が離せない。ついに鏡から出たり入ったりするようになった。


どれくらい時間が経ったのかわからない。

こちらに目線を合わせピタリと動かなくなった。

閉じていた目を見開き、少しずつ大きくなっている。いや、少しずつこちらに向かってきている。

半分くらいまで近づいてきたところで急に速度をあげ、目の前ですっと消えていった。

驚いて起き上がると、近くにいた看護師から安静にしているよう促された。いま起きた出来事を話そうか悩んだが、結局話さなかった。

それ以降、病院内で生首を見ることはなかったという。

衝動的自殺

飲んでいたのは赤羽ですよね、たしか。

「そうだよ。だからオレ、わざわざ移動してんだよね。マジで飲みすぎだよね」

タクシーで移動したんですか。それとも電車ですか。

「電車だと思うよ。まだ終電の時間じゃなかったもん。普段タクシー乗らねえし」

電車だと十九分くらいですね。まったく覚えてないんですか?

「覚えてねえよ。そもそも与野駅とか、用事ないから降りたことないし」

気がついたらそのマンションに入って、一番上の階にいたということですか。

「まあ、そういうことだよね」

警察と住民に取り押さえられなかったら、飛び降りていたと思いますか。

「どうだろ。みんなで腕と背中摑《つか》んで。あと少しで落ちるところだったらしいよ」

覚えてないんですね、そこも。

「ぜんぜん覚えてない」

与野
よの
Yono

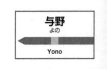

失礼かもしれませんが、自分で自分に希死念慮ってあると思いますか。

「きしねんりょ……なんだ、それ。わからねえな」

いわゆる自殺願望みたいなものです。ネガティブなかたに多い考えですが。

「いやいや、そんなのぜんぜんないよ、こわいな。勘弁してくれ」

そうですか。もちろん、あのマンションにいったことはないんですよね。

「ないない。さっきもいった通り、与野駅で降りたのも初めて」

あのマンションは駅から少し離れています。十分か十五分かかる距離です。

「そうだな。それくらいの距離だろうな。それがどうした?」

駅前って飛び降り自殺が多いんです。人生に疲れたひとが電車に揺られながら、いろいろと考えたあげく死のうと決める。駅から出たところで見上げると高い建物がある。それで衝動的に、その高い建物に入って高層階までいき、飛び降りる。

「あり得るね、現代社会においては。衝動的に死んじゃうみたいなことは」

でもあなたの場合は違う。なぜ飲んでいた駅から電車に乗って与野駅まで移動し、さらに歩いてあのマンションに入ったのか。ただ酔っぱらってた、というだけかもしれませんが――知っていますか。あの駅から離れたマンション、この数年で何人も飛び降り自殺をしているんです。その全員がマンションの住人じゃないんです。

「どういうことだ。あんたいったい、なんの話をしているんだ」

呼ばれたかもしれないって話です。あのマンションに巣食うモノたちに。

絵画

L美さんが中学生だった頃の体験談である。

休日、彼女は母親と一緒に出かけることになった。

向かった先は北浦和駅の近くにある美術館だ。

入館すると、さっそく母親と展示物を観てまわった。

授業で習ったことのある有名な海外の画家から、埼玉県ゆかりの画家まで幅広い作品が展示されている。作品を楽しんでいると、ふと一枚の絵が目に留まった。

惹《ひ》きつけられた彼女は、ふらふらと歩み寄り、じっとその絵を見つめはじめた。

しばらくすると、母親から「もう帰るよ」と声をかけられて我に返った。

いつの間にか美術館は閉館時間になっていたのだ。

L美さんが驚いて時計を見ると、ずいぶんと時間が経っていた。

（わたし、なにをしていたの？）

頭の中にカスミがかかったようになって、考えがまとまらない。

北浦和
きたうらわ
Kita-Urawa

母親が言うには、声をかけても絵画から離れようとしなかったらしい。閉館時間になっても動く気配がないので改めて声をかけたという。

L美さんは母親に連れられるようにして美術館をあとにした。

帰り道、L美さんは頭のもやが晴れていくような気がした。

家に着くと意識がはっきりとして母親と作品の話をしていた。

「あんたさ、最後に立ってたあの場所、なにみてたの？」

「絵に決まってるじゃん。なんかわかんないけど、ずっとみてたの」

「あそこに絵なんてあった？　気がつかなかった。その絵って、どんなの？」

L美さんは応えようとして言葉に詰まってしまった。

（……どんな絵だっけ？）

絵画のことがまったく思い出せない。

それどころか、あの絵を見てから母親に呼びかけられるまでの記憶がない。彼女は母親に、忘れちゃったよと冗談めかして応えたのだが、心に妙なしこりが残った。

翌週、L美さんは一人で美術館へと向かった。あの絵画をもう一度見ておこうと思ったのだ。入館すると、ほかの展示物は見ずにまっすぐにあの絵画のある場所へと向かう。

（今度こそ、ちゃんと覚えておこう）と絵画の前に立った。

突然「すいません、閉館の時間ですよ」という声がした。

振り返ると美術館のスタッフが立っている。

（えっ……さっき入館したのに？）

言葉の意味をL美さんが理解できずにいるとスタッフがもう一度繰り返す。

「すいません、閉館の時間ですよ」

時計をみるといつの間にか閉館時間になっている。

また、絵を見ている間に時間が過ぎていた。

以前と同じように、頭の中がもやもやとしていた。

（いったい何がおこっているのだろう……）

彼女は帰り道を歩きながら不思議に思った。

何気なくスマートフォンを手に取ると画面にはテキストアプリが起動してメモが開かれている。そこに、自分で打ち込んだ覚えのない文章が書かれてあった。

【美術館の絵、男】

気味が悪くなったL美さんは、すぐにこのメモを消してしまったのだという。

うつむく者たち

浦和《うらわ》
Urawa

二十代女性のTさんは、浦和で実家暮らしをしている。

心霊話は比較的好きで、友人たちと学校の怪談や、二十歳までに幽霊を見なければそのあとは幽霊を見ることがない、などの心霊話をしてよく盛り上がっていた。そんなTさんが、ちょうど二十歳になる頃、自宅でこんな体験をした。

夜中に二階の自室で眠っていると、下の階から複数の子どもたちが階段を駆け上がってくる音が聞こえた。足音で目が覚めたTさんは咄嗟《とっさ》に（いま何時だろうか……）とベッドの下に放っていた携帯電話を手探りした。なかなか手に取ることができず、身体を横に向き直しさらに探す。ふと目を開けると、自分の目の前に女の頭があった。見知らぬ女は自分のベッドの横に正座してうつむいていたのだ。長い黒髪で顔は見えないが、こちらを見ている感じがする。驚いて息を飲むのと同時に、そのまま身体が動かなくなってしまった。目は動かすことができたが、あまりの恐怖に目を堅く瞑《つむ》った。その女がまだ自分の目の前にいて、じっと見られている感じがする。緊張の時間がしばらく続いた。どのくらいの時間が経ったのか、突然身体の重みがなくなった。解放された反動で大きく呼吸をし、恐る恐る目を開けるとそこには誰もいなかった。

朝方になり階段を駆け下りたTさんは、居間でご飯を食べる両親に昨日の出来事を興奮気味に話した。二人ともTさんの話に驚いている様子ではあったが、相手にしてくれなかった。しかし、昨日の体験を心配に思うTさんは声を荒げた。

「家の中に幽霊がいるかもしれないんだよ？　本当だってば！　聞いてよ！」

「疲れてたんだろ、大丈夫、気にする必要ないよ。大丈夫、大丈夫」

父親は信じる様子もなく、Tさんもついに諦め朝ご飯を食べた。

自宅で起こった出来事さえも忘れていたある日、父親がTさんにこんなことを言い出してきた。

「お前が見たのは本物かもな……俺も見た」

何を言っているのか理解できずにいると、

「お前、いつだか子どもが自分の部屋に出てきて金縛りにあったたって言ってただろ」

Tさんは、金縛りにあった夜のことを思い出した。父親も同じものを見たのか、と尋ねるとこんな話をした。

その日、父親は仕事のことで悩んでいて、なかなか寝つくことができなかった。なんとか眠りにつこうとベッドに横になって天井を見上げると、天井から頭だけ出した女がいた。長い黒髪を垂《た》らしながら、自分を見下ろしている。恐怖に声が出せず、気づけば朝になっていたという。

その後、自宅で女の姿を目撃することはないのだが、あの女はいったいなんの目的で現れたのかいまでも思い出すと不気味であるという。


Tさんはその日、彼氏と地元でお酒を飲んでいた。行きつけの居酒屋で深夜まで楽しんで、閉店時間となると自宅まで彼氏と一緒に歩いて帰った。居酒屋から家までの道は歩いて十五分ほどである。酔った身体の火照りを醒ますのにはほどよい距離で、帰り道は近所の公園の中を通った。公園の中を歩いていると、トイレ前の広場に男子高校生三人組がいるのが見えた。公園にはカバや馬、恐竜の形をした乗り物があり、そこに三人がそれぞれの遊具に乗って話をしている。夜遅く、高校生がたむろしているのはそこまで珍しくないと思ったのだが、恐竜に乗っている高校生の後ろに小学生くらいの女の子がいるのを見て不憫に思った。高校生のうちの誰かの妹が兄に連れられて公園に来ている。こんな時間に連れ回すなんて非常識だ、と思ったのだ。さらに、女の子はうつむき加減で、じっと兄の用事を待っている様子だった。その様子を見て彼氏に声をかけた。

「ねぇ、あれ見てよ。誰かの妹かな？　こんな時間に危なくない？」

そう告げると、彼氏もその様子を見て眉間にしわを寄せた。

「こんな夜遅くに連れ回すなんてよくないね。ごめん、ちょっとトイレ。待ってて」

そう言って公園のトイレに入っていった。女の子の姿を横目に、公衆トイレ前で携帯電話を見ながら待っていると、彼氏が帰ってきた。

「あれ？　さっきの子どこいった？」

先ほどまで高校生の後ろにいた女の子の姿が見えなくなってしまった。Tさんは居てもたってもいられなくなり、たむろしている高校生の輪に入っていった。

「ちょっと、あの子どこ行ったの？　こんな夜遅くまで連れ回すのは危ないよ！」

そう声をかけると、高校生はぽかんとした表情でTさんを見つめた。しばらくして高校生のうち一人が口を開いた。

「いや、最初から俺たち三人だけですけど……あの子って誰ですか？」

そんなわけはないだろうと、あたりを確認するが女の子の姿はどこにもなかった。

彼氏のほうを見ると、彼も驚いた様子だった。見たものを高校生に説明するも、女の子がいないので気まずい空気が流れる。結局、勘違いだったということでその場を去った。

地元の小さなクリニックで医療事務の仕事をしているTさんは、その日職場にかけてある時計を眺めていた。時計は受付終了時間十分前を指している。患者さんがいなくなった受付で、あと少しで業務が終わるというはやる気持ちを抑えきれずにいた。

少し早いが帰り支度をしようと立ち上がると、それまで誰もいなかったはずの受付におばあさんがうつむき加減で座っているのが見えた。早く上がれると思ったが患者がいるので帰れない。面倒に思いながらも自分の荷物をまとめて、おばあさんの対応をしようと受付に座り直すと、おばあさんの姿はなくなっていた。診察室にも誰もいない様子であった。自分が席を外したのは一、二分である。不思議に思い、同僚に、

「さっき受付にいたおばあさんどこ行ったの？　お会計もう終わった？」

と確認をすると、そんなおばあさんは居ないと言われてしまった。

このようにTさんは、地元の浦和でたびたびうつむく幽霊たちと遭遇している。

上《うわ》谷《や》沼《ぬま》調節池

Mさんは小学生の頃に南浦和にある上谷沼調節池によく友人と遊びに来ていた。

この沼は現在人が近づけないように整備されているのだが、二十五年ほど前には池の近くでブラックバスの釣りができた。地元の人もよく訪れる場所であったが、草が鬱蒼《うっそう》と茂っており陰気な場所であった。子どもながらに雰囲気のある場所だなと感じてはいたものの、釣りができるのでよく遊びに来ていたのだ。

その日も沼には複数の釣りをする人がいた。その中に混じって釣り糸を沼に垂らす。しばらくすると、自分の斜め前にバスケットボール大のごつごつとした大きな黒い塊が見えた。目を凝らして見てみると、それは真っ黒な巨大な蛙であった。異様な大きさと色合いに（こいつ本物？　生きてるのか？）と、その塊を釣り竿で突いてみる。すると、黒い塊はその衝撃に驚いたかのように跳ねて沼の中へと姿を消した。

「おい！　でっかいカエルがいたぞ!!」

友人にそう声をかけつつ釣りを続けようと蛙のいたほうに向きを直すと、ある人影を見て違和感を覚えた。自分の右前方に見慣れない女性が座っているのが見えたのだ。五十歳代くらいの女性で長い黒髪を垂らし黒い服を着て、その手には数珠を持っている。明らかに釣りを楽しむ様子はなく、ただ黙って沼に向かって座っている。その後、気づくとその女性の姿は消えていたのだが、異様な雰囲気にこの光景が記憶に残った。

Mさんが成長し心霊・オカルト関係に興味が湧きはじめた頃、地元の心霊スポットについて調べていると、この上谷沼調節池での噂話が目に止まった。それは、夏になるとこの沼で溺れて亡くなった女の子の幽霊が出るというものであった。これを見た瞬間、Mさんは自分が小学生の頃見たあの異様な雰囲気の女性を思い出した。

あの女性はこの女の子の幽霊と何か関係があるのではないかと感じ寒気がしたという。

放課後の廊下

Mさんが南浦和のとある高校に通っていたときの話である。

高校三年の夏、受験シーズンに入ってからというもの、Mさんは夕方近くまで学校に残り受験勉強をしていた。その日は友人のKと一緒であった。夕方の六時になりそろそろ帰ろうとなった。

Kは帰宅前にトイレに寄りたいと教室をあとにした。教室以外の廊下や階段は電気がついておらず、夏の夕方とはいえあたりは薄暗かった。

廊下に出てKを待っていると、ひとつ先の教室の奥に黒い人影が見えた。黒いスウェットに黒いズボンで顔もよく見えなかったが、真っ黒い人影がこちらを見て立っている。Mさんはその影に向かって、

「K……? そんなところで何してるんだよ。帰るぞ」

声をかけたが返事はない。しばらくすると、人影の奥からKが小走りで走ってくるのが見えた。

南浦和
みなみうらわ
Minami-Urawa

「お待たせー！　よし！　帰ろうぜ」

そう言って人影を通り過ぎて駆け寄ってきたKに、

「おい、いま教室の前に人いたよな？」

「え？　人？　そんな人いなかったぞ」

Mさんは不審者でもいたのかと思ったが、Kの様子を見て幽霊だったかもしれないと思いはじめた。

翌日、担任に昨日見たことを伝えてみると、

「昨日の見回りで特に問題はなかったぞ。まあ……この学校でも幽霊みたいなもん見たって奴は結構いるんだよな」

と返されたという。

ゴリラ公園

南浦和
みなみうらわ
Minami-Urawa

蕨
わらび
Warabi

南浦和駅と蕨駅を結ぶ中央付近に、ゴリラ公園と呼ばれる場所がある。外郭環状線の高架下にあり、三メートルほどの大きさのゴリラの像が立っている。このゴリラは大きな口を開けて街頭時計を握り曲げている。迫力のあるユーモラスな像で近所でも人気のスポットだ。

南浦和に在住のOさんという女性は、五歳になる子どもを連れてこの公園に遊びに来ていた。数回遊びに来ていたが、その日は子どもがゴリラ像の前で立ち尽くし、大声で泣き出した。どうしたのか聞いてみると、ゴリラが自分を睨みつけてきたという。ゴリラの顔を確認するが、特に変わった様子はなかった。その日から、子どもはそのゴリラ公園に行くのを拒否するようになってしまった。

数日後、怪談好きの友人から連絡がはいる。友人は京浜東北線沿いの怪談を集めているところで、そういった話を聞いたことがないかという内容であった。Oさんは、ゴリラ公園での出来事を思い出した。この体験を伝える前に、公園の概要を自分でも調べてみると、このゴリラの目は時間になると動く仕様になっていることがわかった。子どもはこの目の動きに驚いたのだろうとOさんは理解した。五歳の子どもにもこのことを教えたが、

「でも、あそこ嫌い……！」

と言って、子どもは相変わらずゴリラ公園には行きたがらなかった。

怪談好きの友人には、このゴリラ公園の出来事を笑い話として聞かせた。


「ゴリラ公園」をインターネット検索すると、こんな投稿を見つけた。

【ゴリラ公園が番組のロケ地として使われてて興奮した！　でもあそこって幽霊がいたらしいんだよね……。もう自分は覚えていないんだけど、私がまだ小さかった頃、ゴリラ公園を通るたびに、親に誰もいないところを指さして「人がいる」って言ってたらしい】


ほかにも南浦和に幼少期から住んでいるMさんは、このゴリラ公園の心霊について中学生の頃から噂を聞いていた。一時間おきにゴリラの目が左右に動き、真ん中に戻る仕様となっているのだが、十八時過ぎにはその動作は止まる。

しかし、夜にこの公園を通るとゴリラが歩く、自分と視線が合う、という噂がもう二十年も前からあるのだという。

変な間取り

沖縄から埼玉に引っ越してきたIさんの体験。
彼女は住むアパートを探すのに不動産屋を経営する遠い親戚を頼ることにした。本当は自分できちんと内見をしてから気に入ったところに住みたかった。だが沖縄から本土への移動手段が飛行機しかないことから交通費は馬鹿にならない。それで親戚を信頼して部屋探しは一任することにしたのだ。

持っていた家具などはすべて空輸し、自分はスーツケースひとつを持って上京した。
不動産屋を訪ねるとその足で現地へと案内される。蕨駅から少し離れた場所だ。
古びたアパートで、Iさんはひと目で「なんだか厭《いや》だな」と思った。
何がどうとは説明しがたい。けれどアパートを中心にどんよりとした気を感じる。
閑静な住宅街と言えば聞こえはいいが、どこか暗く重い空気で異様なほど静か。
親戚は案内を必要最低限に済ませると鍵を渡してさっさと引き上げてしまった。

Iさんが借りた部屋は2LDKで半地下にあった。リビングには腰高窓がついているが、その半分は地面に埋まっている。当然日当たりも悪い。

壁紙は張り替えたようで真新しく見えたが部屋全体にカビの匂いが漂っていた。初夏だというのに凍えるほどに寒い。トイレには換気扇もなければ窓もない。これまで住んできたどの家と比べても天井が低いのも気になった。

どこを見ても気に入らないところばかりが目について気持ちはどんどん沈む。

極めつけは和室とリビングの間にある謎のスペース、縦長の狭い空間だ。

小さな子どもが体を横にしてもぎりぎり通れるぐらいの幅しかない。

物置きというわけでもなさそうだが、その用途は想像もつかない。

あとから壁を増設したのか、不動産屋に渡された間取り図には記されていなかった。

奥に深く、光が入らない真っ暗な空間はひどく不気味に感じた。

Iさんは元来とても陽気で明るい性格の持ち主で何事もポジティブに考える。

しかし、そのときはひどく惨《みじ》めな気持ちになり得も言われぬ不安でいっぱいだった。

急に涙が込み上げ無性に死にたくなった。

長時間の移動で疲労は溜まり腹も空いていたが何か買いに出る気力も残っていない。タオルケットを被り凍えながらも畳の上で寝ることにした。

その夜、若くして亡くなった父親が夢に出てきた。自分は十歳くらいの子どもになって手を引かれている。二人、夜の住宅街をゆっくりと歩いている。

生前の父親は道徳や規律に厳しく幼心に怖かった。笑っている姿も記憶にない。夢の中でさえしかめ面をしているのはどこか面白く感じた。

しばらく無言で歩いたあと父親はIさんに向かって、

「お前はどうしてそんな暗いところにいるんだ。我慢する必要はないんだ」

目が覚めると大量の涙でタオルケットは濡れていた。

翌日、Iさんは自分の足で家を探すことにした。

別の不動産屋へ行き事情を伝えていくつか空き物件を車で案内してもらう。

そして良いと思った物件を見つけると、さっさと契約を交わしてその日のうちに引っ越してしまった。

空輸した荷物は引っ越しの日に合わせて配送済みだったため結局引っ越し代金は膨れ上がった。出費は馬鹿にならなかったが、この不気味なアパートから離れることができるならば仕方がないと諦めることができたそうだ。

新居は同じ市内にあり半地下のアパートからは車で五分ほどしか離れていない。

近くには公園があり、子どもたちの賑やかな声が聞こえてくる。

今度は、よく日の当たる明るい部屋というのも選ぶ決め手となった。

場所が移っただけで自分でも驚くほど前向きで楽しい気持ちになる。

たった二日間の出来事だが、本来の自分を取り戻した気がした。

あのとき、なぜあんなにもどん底で暗い気持ちになったのか不思議なほどだった。


引っ越してから、半月後のこと。

あの半地下のアパートで殺人事件があったことを親戚伝手に聞いて知った。

さらにその半年後にも同じ町内で殺人事件が続いた。

父親が助けてくれたのかわからないが引っ越して良かったと心の底から思った。

あのアパートが持つ負の雰囲気は良くないものを引き寄せるのかもしれない。

とんでもない物件を紹介した親戚とはほとんど縁は切れているが、いまでも恨めしく思うという。

エレベーターのおんな

Cさんは小学生の頃、西川口にあるマンションの五階に住んでいた。

ある日、帰宅してエントランスに入ると、ちょうどエレベーターの扉が閉まるところだった。扉には窓があり中が見える。そこには白いバッグを持っている無表情のおんなが立っていた。

エレベーターは最上階へ止まり一階に戻ってきた。

それから数日後、友だちが遊びに来たというのでエントランスへ行こうと、エレベーターに向かった。エレベーターは降りていくところでCさんの階を通過していく。一瞬、扉の窓から中を見ると、またあのおんながいた。

やがて五階に戻ってきた空のエレベーターに乗って一階に向かい、友だちがいるエントランスについた。

「さっき女とすれ違わなかった?」

「いや、エレベーターはきたけど誰も降りてこなかったよ」

さらに数日後。

学校から帰宅すると、またエレベーターが登っていくところだった。無表情の女の顔が一瞬見えた。


ずいぶん経って成人してから母親にこんな話を聞かされた。

「あんたに言ってなかったけどあのマンションに住んでいたとき飛び降り自殺を見たの。洗濯物を干してて下を見ちゃったんだけど、白いバッグを持った若い女の子でね。マネキンみたいに無表情だったのだけれど、死体ってみんなそうなのかしら……」

川口のオッサン

Mさんという男性が川口のワンルームマンションに住んでいたときの話だ。
ある夜ヘッドホンをしながらテレビゲームをしていると視界の端で何かが動いた。見るとベランダのカーテンの前にオッサンが立っていた。中肉中背の白髪交じりの短髪でヨレた白いポロシャツを着た五十代くらいの男性がこちらを向いてニコニコと微笑《ほほえ》んでいる。
どうやって入ってきたかなんて考える余裕はなかった。目を合わせたままヘッドホンを外し「だ、誰ですか？」と聞くもオッサンはうんうん頷くだけで何も答えない。Mさんは立ち上がり「警察を呼びますよ！」と言うと彼はカーテンを捲《めく》ってガラス戸から出ていった。ベランダの様子はカーテンが邪魔をして見えない。
もう一度部屋に入られたら困るので勇気を振り絞ってカーテンの隙間に手を突っ込み鍵をかけた。この部屋は五階の角部屋だ。ベランダから逃げるのであれば隣の仕切りを突き破るしかない。しかし、そのような音は聞こえてこなかった。ガラスを割って入ってくるかもしれない。携帯電話から一一〇番をして不審者がいることを伝えた。そのあとMさんはゆっくりと玄関まで後退《あとずさ》った。ベランダから視線を外さずに玄関のドアノブを握りながら警察が来るのを待った。

五分後、チャイムが鳴った。

安堵しながら玄関を開けると白いポロシャツ姿の人が入ってきた。その横顔を見て驚愕した。オッサンはまっすぐに部屋の中へ突き進んで行く。その姿を見てMさんは絶叫しながら玄関を出た。


その後、警察官に家の中を見てもらったが「誰もいない」と言われてしまう。Mさん自身も確かめたのだがオッサンはいなかった。

「こういうことはたまにある」と言って警察官は帰っていったのだが、Mさんが体験したのはこれ一度きりであった。

第六感

氏は子どもができたことを機にマイホームを持ちたいと考えた。

妻と不動産屋をまわり川口駅から近いところで一軒の建売物件を紹介された。

担当者から「一押しです」と手渡されたパンフレットを見る。商店街がぎりぎり徒歩圏内にあり価格が手頃なのも魅力だ。最も惹かれたのは家のすぐ前が広い公園ということだ。子どもと遊ぶのにあつらえ向きだ。


さっそく夫婦は不動産屋の車に乗りこみ物件へと案内してもらった。到着すると、よく似たデザインの二階建て建売住宅が数軒並んでおりたしかに目の前が公園だった。

家の中も十分に広く、間取りも使いやすいよう工夫されており満足がゆく。

何から何まで条件は整っていた――かのように思えた。

しかし、氏には引っかかるものがあった。妻を見るとどこか浮かない顔をしている。理由のひとつは道路が狭いわりに車の往来が多かったことだがそれだけではない。

言葉にはし難《がた》いが、その区画全体の雰囲気が「なんとなく」気に入らなかった。天気はよく晴れているのにどことなく暗い。大げさに言ってしまうと、ここ一帯が何か悪い気のようなものに覆われていると感じた。

氏は妻に訊いた。

「どうしよう、条件はいいよね。ここに決めようか」

「目の前が公園というのはポイントが高いんだけどねぇ」

妻も何か引っかかっているようだ。

不動産屋には、じっくり考えてみます、とだけ言ってその日は引き上げたが、結局別のところに住むことにした。

それから数年後に、殺人事件が起きた。ニュースに映る家にはどこか見覚えがあった。調べてみると彼らが躊躇《ちゅうちょ》した区画にある家だった。

タクシー

赤羽
あかばね
Akabane

赤羽の駅前で夜間帯、タクシー運転手をしているMさんという男性の話である。

この日は夕方に一人の乗客を乗せた。

「霊園まで……」と言われ、Mさんは内心（こいつ、幽霊じゃないよな）と疑ったのだが、客は霊園に着いたあとに姿を消すことはなく、運賃を払って下車していった。

しかし、霊園ということもあり恐怖心が芽生えたMさんは、赤羽駅に戻る道中妻に電話をして恐怖心を紛《まぎ》らわせることにした。

「いま霊園にいるんだけどさ、帰り怖いからさ、ちょっと電話していい？」

妻と他愛もない話で気を紛らわせることができた。ところが、

「お客さん乗せているでしょ？　もう切るね……」妻はそう言うと電話を切ってしまった。

Mさんはなんのことを言っているのかわからず、もう一度妻に電話をかけた。すると、

「私たちの会話に入るように女の人の声がしたから、誰かいるのかと思った」

これを聞いたMさんは、タクシーの後部座席を直接確認することができなかったという。

赤羽
あかばね
Akabane

おままごと

Nさんが大学時代の夏休みに体験した話だ。

男二人女三人の友人たちでバーベキューをしに、荒川の川辺へ車で向かった。友人の運転するワゴン車を停め、土手を下り、川辺に到着すると準備をはじめた。すると、友人のA子さんが顔色を変えてこんなことを言い出した。

「ここ、変なニオイするし……気持ち悪いから場所変えようよ」

「はあ、どんなニオイだよ」

「なんか生臭い。川のニオイじゃなくて」

ほかの四人はそんなニオイをまったく感じない。A子さんも詳しくは説明できないようだった。

「そのうち気にならなくなるだろうし、大丈夫だよ」

「だったら私、帰りたい……」

あまりに言い続けるので、気持ちを汲んで場所を変えることにした。離れた場所に移動するとＡ子さんも落ち着いた様子になったので準備をはじめた。

みんなでバーベキューを楽しんでいると、友人の一人が言い出した。

「あれ、Ａ子ちゃんどこいった」

「トイレならみんなに声かけるだろうし、いつからいないんだろ」

しばらくしてもＡ子さんは戻ってこないので、全員で手分けして探すことになった。Ｎさんが最初に居た場所に戻ると、そこでＡ子さんは薄気味悪い笑顔で座り込んでいた。目の前にはふたり分の皿の上に乗った料理と紙コップが置かれている。Ｎさんは駆け寄った。

「お前、何やってんだよ」

声をかけられたＡ子さんは呆然として何も言わなかった。どうやらさっきまで自分が何をしていたのかわかっていないようだった。

Ｎさんたちはバーベキューを切り上げて車に戻り発進させた。

Ａ子さんを見ると、さっきまでいた場所に向かって手を振っている。しかし、そこには誰の姿もない。

車中で五人は黙っていたが、Ｎさんは場をなごませるため、先ほどあったことを茶化しながら話した。

「さっきのなんだったんだろうな。お前びびってんじゃねえの」

「びびってねえよ。お前のほうがびびってたし」

明るい雰囲気が戻りだしたとき、友人の一人が変なことを言い出した。

「A子さんが手を振ってた女の子、気持ち悪かったよなあ」

川辺から車に向かって手を振る小さい女の子を見たというのだ。

「あれっ、A子は？　間違いなく全員乗ってたよな」

そのとき運転をしていた友人は車を急停車させた。Nさんも見渡したが、後部座席にいたはずのA子さんがいない。

急いで戻って探すもA子さんは見つからず、Nさんたちが警察に通報をした。

警察官が到着し数時間後、彼女は川辺に横たわっているところを発見された。そこは最初にいた場所だった。

赤水門

赤羽
あかばね
Akabane

東京都北区の高校に通っていた男性のIさんはこんな体験をした。

Iさんは友人たちと荒川にある通称赤水門《あかすいもん》（旧岩淵《いわぶち》水門）と呼ばれる水門前の広場でよく遊んでいた。

現在は水門としては使われていないが、近代化産業遺産として保存され、周りには公園や歩道などが整備されている。

ある夏の日、Iさんは男女複数の友人たちとこの赤水門の広場で花火をすることになった。周辺は整備がされてはいるものの街灯が少なく、夜は真っ暗になる。その中で友人たちと花火を楽しんでいると、女友だちの一人であるB子の様子が豹変した。

「おい！　コラ！　お前らなんなんだよ？　あ？　なんとか言えよ」

いままで朗らかに会話していたはずなのだが、威圧感を出して周りの人たちをまくし立てる。

「いやいや、何ってお前が何？　急にキレてなんなんだよ」

友人たちもそれに触発されるように苛々しだした。女友だちとはいえ、男子たちも喧嘩腰になってきた。これを見たIさんは、事が悪化しないようB子をなんとか押さえつけ、少し離れた場所へと連れ出した。

その間もB子は怒鳴り散らかす。怒鳴りすぎて、もはや何を言っているのかもわからない。Iさんは、興奮する姿をそばで見守るしかできなかった。どうしようかと困っていると、それまで怒鳴っていたB子が大きな欠伸《あくび》をした。

すると、先ほどまでの様子が一変し、いつもの調子へと戻ったのである。

「あれ？　I君、こんなところでどうしたの？　花火終わっちゃったの？」

いままであったことを説明するが、B子は暴言を吐いた覚えはないという。

後日、このことをIさんは母親に話した。すると母親は、こんなことを言った。

「あの赤水門、川からいろんなものが流れ着くんだよね。その中には、人の遺体が流れてくることもあって……もしかしてその子、何かにとり憑かれでもしたんじゃない？」

Iさんは友人の豹変した様子を思い出して、妙に納得してしまった。

水辺に棲むもの

赤羽
あかばね
Akabane

Sさんという男性はいまから四十年ほど前、東十条に住んでいた。

当時中学生だったSさんは釣りにはまっており、赤水門まで釣りに行くことがたびたびあった。前々からここでの心霊話を聞いたことがあったのだが、そんなことより釣りがしたい欲のほうが勝っていた。このあたりではうなぎやスズキ、鯉やテナガエビなどが捕れる。

その日は鯉を釣ろうと、一人で自転車に乗って赤水門まで出かけた。家での用事を済ませてきたので、赤水門に着いたのは夜半の十二時を回っていた。

周りに人はいなかったので（独り占めできるぞ）と次の準備をはじめる。夢中になって餌を付け替え、当たりを待っていた。あっという間に時間が過ぎ、気づけば三時を回っていた。

まだまだ釣りを続けようと意気込んでいると、自分の背後にある丘から人の歩く音が聞こえた。Sさんは（早朝狙いの人でも来たかな……）と思って気にも留めなかったが、しばらくすると、また歩く音が聞こえてきた。その足音は、丘を行ったり来たりしている様子であったが、徐々に自分のほうに歩いてきている感覚がした。少し不安になり、振り返って足音のするほうを見てみた。懐中電灯を当て、あたりを見回すが誰もいない。不審に思って足音のする丘に近づいてみた。人の影さえ見当たらず、薄い街灯が照らされた暗い歩道が続いている。

ここでふと、赤水門の心霊話を急に思い出してしまった。一気に恐怖心が芽生え、すぐに帰り支度をはじめた。釣り道具を仕舞おうとするが、身体が震えてうまくいかない。その間も、また足音がするのではないかと思うと、心拍が上がってくる。なんとか釣り道具を仕舞い、少し安堵の気持ちが出てくると背後から、

「ねぇ……」

と女性の声がした。（いつの間に自分の後ろに人が来たのか……）Sさんは直感で、これには反応してはいけないと思った。そのまま声が聞こえない振りをして、ゆっくり自転車のほうに向かって歩きだした。

「ねぇ……」

再び女の声が聞こえた瞬間、耐え切れずそのまま走り自転車に飛び乗った。とにかく暗闇が怖かったので、明かりのあるほうまで必死に自転車を漕いだ。

川辺で何者かに話しかけられ、それに反応してしまうととり憑かれるという話を思い出

したSさんは、この赤水門近くには近寄らなくなった。

数十年後、成人したSさんは赤羽駅近くで暮らしはじめた。

二〇二〇年の大晦日、Sさんは推しのアイドルが年越しライブをするということで、その配信を見ていた。年越しライブ中、推しアイドルが心霊スポットに行くという企画が行なわれていた。その頃、心霊系番組をよく見ていたSさんは（心霊スポットで年越しなんて面白そうだ）と思った。

自分も自宅付近の心霊スポットに行って、配信を見ることにした。そこで写真を撮って何か写ったらコメントでもしようと思ったのだ。どの心霊スポットに行くか考えあぐねていると、地元で有名な心霊スポットである赤水門を思い出した。昔、そこで恐怖体験もしていたので、（何か起こるかもしれない）と一人で赤水門に行ってみることにした。

赤水門近くの土手に着くと、配信を見ながら周りの写真を撮りはじめた。年末の川べりで釣りをする人などおらず、ただただ暗い川が広がっているのが見える。

「さん、にぃ、いち！　あけましておめでとぉ！」

年が明けて、年越しの挨拶がはじまった。その間も赤水門の水辺の写真を数枚撮っていると、撮った写真の様子がだんだんとおかしくなっていることに気づいた。暗闇でもフラッシュをたいて風景がしっかり撮れていたのだが、一枚、また一枚と写真を撮っていくと写真の中に白いモヤが写り込むようになった。そのモヤは徐々に大きくなり、最後には背景が見えないほど白くなってしまった。それはまるで自分に近づいてきているようだった。

そのとき、「ねぇ……」という言葉を思い出した。

これは只事ではないと恐怖し、そのまま家に逃げ帰った。

これがきっかけとなったのかは不明だが、それからというもの、Sさんは写真を撮ると、たびたび不可思議な光が写り込むようになったという。

風呂屋

東十条
ひがしじゅうじょう
Higashi-Jūjō

Mさんという女性が実家住まいだったときの話だ。

風呂場をリフォームするために銭湯に通う時期があった。東十条駅の近くの昔ながらの銭湯はMさんのお気に入りだった。

その日はアルバイトが遅くまであり、銭湯に駆け込んだのは午後十時四十分だった。入浴料を支払い女湯に入る。閉店間際のせいか客は自分一人だけだった。番台のおばさんからは「ゆっくり浸《つ》かりなさいね」と言われたが気が引けてしまう。そそくさと服をロッカーにしまい浴場に入った。心地よい湯気が全身を包む。総タイル張りで天井が高く二つの浴槽の手前には洗い場が並んでいた。

入口付近のカランの前に座り髪を洗っていると引き戸の音が聞こえた。脱衣所からの冷たい風が背中に当たる。誰かが入ってきたんだなとMさんは思った。そして頭を濯《すす》ぐために目の前の鏡を見たときに思わず声が出た。

自分の背後に女が立っている。

浅黒く筋張った体は、顔は見えないが肩から腹までが鏡に映っている。何をしているんだろうと思って見ていると女はゆっくりとしゃがみはじめた。鏡に一瞬その顔が映る。それは皺《しわ》くちゃの老婆に見えた。姿が鏡から見えなくなったので振り返ると女が土下座をしていた。そして手の平を擦り合わせてMさんのことを拝んでいる。戸惑いながら「なにか用ですか?」と聞くと女はしゃがれた声で「振り返るな!」と叫んだ。そのあまりの迫力にMさんは正面に向きなおった。状況を摑めずしばらく狼狽《うろた》えていたのだが、恐る恐るもう一度振り返ったときには女は消えていた。

しどろもどろに頭を濯ぎ浴場を出て、いましがたの老婆について聞く。番台のおばさん曰く、ほかのお客さんはいなかったそうである。

しあわせ

昭和の後半、東十条駅から十五分ほど歩いたところに友人Kの下宿があった。彼は地方の高校を卒業したあと東京の大学に入り悠々と一人暮らしをしていた。話を聞かせてくれたH氏はKと同じ高校に通っており、やはり東京の専門学校に入学、池袋に住んでいた。週末はお互いの家を行き来し酒を飲んだりする仲だった。

ある日、Kの下宿で酒を飲んでいると彼が面白いものがあるといって一枚の紙を渡してきた。

そこにはワープロでつくられた文章で、

「しあわせ！　〇〇教の磨之介《まろのすけ》でございます。わたしたち〇〇教は……」

という挨拶ではじまっていた。

磨之介なる人物が教祖のようで、若い頃は何かの商売をしていたが、突然天啓を受け宗教に目覚めたようなことが書かれていた。教義は幸福を追求することにありそのためには教祖と「契《ちぎ》り」を結ぶ必要があると紹介されていた。

「契りってなんだろう」

「さあ、あれのことだろう」とKは鼻でせせら笑った。


それから何週間か経って再びKの家に遊びに行った。すると、彼は紙の束を見せてきた。あれから麿之介師からのチラシが頻繁《ひんぱん》に郵便受けに入るようになったという。

読んでみると、いずれも「しあわせ！　○○教の麿之介でございます」という挨拶文ではじまり、あとは終末や救済といったありがちな文言。最後は教祖と契りを結ぶことで救われる、とある。Ｈ氏は呆れて全部を読まずに紙束を返した。

「これを見てみろよ」とKはそのうちの一枚を渡した。それにはこう書かれていた。

「親愛なる善男善女たちよ。諸君らを救済するために面接を行なう。○月○日午後十一時、I公園に集え」

日付はまさに今日だった。ここから歩いて十分ほどの距離にある大きな公園だ。まだ昼間だがもしかしたら麿之介に会えるかもしれない。冷やかし目的で二人は行ってみることにした。

「おかしいな」

彼らは道に迷った。ぐるぐる住宅街をさまよい、やがて広い空き地に出た。

このあたりは戦争中、陸軍の施設があったところだ。そのためか雑草が生い茂る空き地が多く残っていた。

そこにぽつんと廃墟になった団地が建っている。彼らは建物に沿って歩いた。

すると、団地の中から絡みつくような視線を感じた。それも一人や二人ではない。だが振り返って視線の主を探しても人の姿は見えない。

「浮浪者でもいるのかな」とKが不安そうに言う。その場を離れようと足を速めた。

しばらくすると、国電の線路が見えた。線路を辿ると東十条の駅に着いた。

別れ際に「今夜、I公園に行くのか」ときいた。

「どうすっかなぁ」とKは言葉を濁《にご》した。


翌週、Kにあの夜に公園に行ったのかときくと、彼は行ったと答えた。

しかし、

「誰も、いなかったよ」

彼はぼそっと添えた。

飛鳥山公園

Jさんという女性は、幼い頃から幽霊と遭遇することが多かった。

あまりにも日常的に視《み》えてしまうので、いつの間にか幽霊が身近にいる生活が当たり前になっていったという。恐怖心はほとんどなく、むしろ幽霊のいる世界に興味を持ち、幽霊を観察することが日課になっていった。

社会人になったJさんは夜の公園を一人で散策することが日課になった。同じ場所を散歩するよりは、場所を変えて回ったほうがいろいろと見られるだろうと、日によって場所を転々と変えて散策していた。

その日は王子駅にある飛鳥山《あすかやま》公園を散策することにした。この公園はもともと江戸から続く桜の名所としても有名であるが、さらに飛鳥山古墳群や渋沢栄一《しぶさわえいいち》の邸宅もあったという歴史的な場所である。

夜風を感じながら飛鳥山公園の入り口から公園中央まで階段を上っていくと、三十代ぐらいの女性が階段を下ってくるのが見える。(この人もお散歩中かな？　すれ違ったら挨拶しよう)そう思いを巡らせていると、先ほどまで自分のほうに向かって下りてきていた女性は忽然《こつぜん》と姿を消していた。

(あ、この公園にも幽霊がいるんだ)と感じた。階段を上りきると、平坦な広場が広がっている。その中でもところどころ隆起している丘のような場所があり、そこは木が生い茂っていた。

(古墳がある場所はこのへんかな)と何気なくその茂っている木の奥を見ていると、人の気配を感じる。よく見ると、その姿に驚いた。というのも、茂っている木の間から見えた人の姿は、まるで平安時代の男性装束を身に纏《まと》った人だったからである。その顔は、目が顔の半分を占めて見開き、その目をギョロギョロとさせていた。背格好は人間なのだが、顔が明らかに人間のものではなかった。まるで妖怪のような姿をしているその異形のものは、必死に何かを探すように、その場をウロウロと歩き回っている。何か関わってはいけないような雰囲気を感じ、Jさんはその場をあとにした。さすがに不気味な雰囲気であったので、足早にその公園の出口へと向かった。

公園内は広く、先を急ぎ突き進んでいると公園の水遊び場に着いた。そこには小さな滝があり、川岸を思わせるようなつくりとなっている。さらに滝の上には歩道があるつくりとなっていた。その道を五十代の女性が自転車を押しながら歩いている姿が見えた。不思議だったのは、その女性はJさんをじっと見つめており、一切Jさんから目を逸らさないことであった。

(なに？　めっちゃ見てくる!!)

と思いつつ、その女性の姿をJさんも目で追いかけていると、自転車を押して歩くその女性は、大きな木の陰へと姿を消してしまった。歩道はまっすぐに続いており、木の陰に隠れたのかとしばらく様子を窺《うかが》って見ていたのだが、その女性はどこからも出てくることはなかった。

このように夜一人で散策をしていると、異形のものをよく見かけるのだが、Jさんはこの習慣がやめられないのだという。

震えるほどの出会い

王子
おうじ
Ōji

　当時、車掌として新人であったA子さんは京浜東北線を担当していた。

　いつも蒲田駅で前の車掌から手短に引継ぎを終え、大宮方面へと向かう。

　東京を半周してから埼玉に入っていこうとする途中、歩道橋を何本かくぐり抜ける。そのうちのひとつ、王子駅の前後にある歩道橋には、電車を上から眺めようと、電車好きの人々が立っていることがあった。大方は小さな子ども連れで電車に向かって手を振っている。半ば無意識に手を振り返すことがA子さんの癖となっていた。


（またいる……）


　ある日を境に気になることが出てきた。歩道橋の上にいつも同じ人が立っているのだ。中年の男性でスーツ姿の男は、ほかの誰よりも勢いよく手を振っている。その姿が滑稽で印象に残っていた。

　その日の運転を終えたA子さんは同僚にその男性のことを話した。だが同僚はそんな男性は知らないという。運転に集中して気づかないだけだろうと思ったA子さんは、先輩にも聞いてみた。しかし、先輩も知らないという。

（目立つ人だと思うけどなあ）

運転に慣れたA子さんはその男性のことを、もっとよく見ようと思った。普段は手を振ってからすぐ目を逸らしてしまうところを、今回は歩道橋をくぐり抜ける直前まで目を離さないと決めた。

件《くだん》の歩道橋に近づいて、男性の立っている姿が見えた。

（こちらが注視していたら失礼に当たらないだろうか——）

そんな不安を抱きながらも、手を勢いよく振る男性を運転席から前のめりになって目でとらえた。くぐり抜ける直前、いままでで一番はっきりと、男性の姿を脳裏に焼きつけた。

男性の腕は、手首から先が千切れている。

正確には皮一枚で手首は繋《つな》がっており、腕を振るたびに遠心力で手が振り回されていた。表情も精気はなく、電車よりも遠くを眺めているようだった。

姿勢をもとに戻したA子さんは、身体が震えているのに気がついた。

それからは二度と歩道橋を見ないと心に決めた。

視線

Rさんは小さな映像会社で働いている。
彼の仕事は制作進行で、撮影の機材管理から雑務全般までなんでもこなしていた。
その日は、王子にある一軒家で撮影を行なうことになった。
この家は事故物件でさまざまな噂があるために、安く借りることができたらしい。
話を聞いたRさんは不安に思いながらも先輩たちと撮影の準備をしていった。

撮影が開始されて順調に進むとRさんに指示が出された。
インテリアとして使う小道具の雑誌を出せとのことだった。
（あ、やばい。雑誌をわすれてた……）
Rさんは準備を失念していた。
すぐに謝ると代わりの物がないか大急ぎで家の中を探しはじめた。
ほかの部屋を覗いてみるとクローゼットがあった。

扉の取手を引いてみたが建てつけが悪いらしく開くことができない。
力まかせに引っ張ると、がこんと音をたてて扉が開いた。
中から女が倒れてきた。
ぎょろりと動いた黒目がRさんをとらえる。
(あぶないっ……)
一瞬驚いたのだが、彼は反射的に両手を突き出すと女の身体を受け止めた。
手の中にひやりと冷たい感触が伝わる。
よく見ると、古いマネキンだった。
(さっき、たしかに目が合ったのに……)
Rさんは不安を覚えながらもマネキンを見つめた。
のっぺりとした顔は両目がえぐられて黒い穴があいている。
黄ばんだ全身には古いお札がみっしりと貼られていた。
Rさんは小さく悲鳴を上げた。
彼はマネキンをクローゼットの中に押し込むと乱暴に扉を閉めた。
あたりを見渡すとほかのスタッフには見られていない。
彼は見なかったことにして、すぐにその場をあとにした。

Rさんが代わりの雑誌を用意すると、撮影が再開された。
しばらくは指示も出ないので家の中を見て回っていると細長い部屋を見つけた。
中にはたくさんの洋服が吊られていて奥には扉がある。
扉を開けてみると地下へと降りる階段が暗闇に向かって伸びていた。
Rさんは首を傾げた。
事前に間取り図を確認したのだがこの家に地下室はないはずだ。
彼は興味をひかれたので地下室に降りてみることにした。

携帯電話の明かりで照らしながら階段を降りていくと真っ暗な空間に出た。
八畳ほどの広さがあり、がらんとしている。
職業柄なにかの撮影に使えそうだと考えていると背後に違和感を覚えた。
(誰か降りてきたのだろうか?)
Rさんは明かりで壁をなぞるように照らしながら背後を振り返った。
無数のマネキンがこちらを見ていた。
身体の向きは別々なのだが顔だけはRさんに向けられている。
(なんだよこれ、気持ちが悪い……)

先ほどのマネキンのことを思い出した。
彼は全身の毛が逆だつと、慌てて地下室を飛び出していった。
急いでいま見たものを先輩たちに話すと「まじかよ？」と興味を示した。
彼らは地下室へと降りていったが、すぐに戻ってくるとRさんに言った。
「マネキンはこちらを向いてなかったぞ、からかうなよ」
Rさんは先輩たちこそからかっているのだと思った。
確認するために地下室に降りていくとマネキンはすべて別々の方向を向いていた。
（うそだろ、さっきはたしかに……）
彼は真っ青になったが、どこにも不審な点は見当たらなかったという。

「この日から、人形のある現場に入ると視線を感じるんですよね。気がつくといつも人形が身体ごとこちらを向いているんです。でも、不思議なことに持ち込んだ小道具の人形では起こらないんですよね。あ、そういえばいまでもその家で撮影をすることがあるんです」
そう言って彼は、乾いた笑いを浮かべた。

石があった店

ずいぶん前ですが、上中里ではこんなことがあったらしいです。

Yさんという男性の話。彼自身は上野に住んでいまして。当時、飲み歩きが彼のなかで流行《はや》っていたので、足を延ばしていろいろな街へいったみたいです。それで「その時期」は上中里によくいっていた。「その時期」って意味は、ひと晩でいける店の数は知れていますから、何日もかけて店をまわる。だから「その時期」。

一軒、面白い店主がいる店があったようですよ。

石集めが趣味っていう店主。たくさんではないけど、店にぽつぽつと石が飾ってあったそうです。なんでも日本の絶景とかに選ばれる川で拾ってきた石だとか。厳密にいえば、そういうところで石を拾って持って帰っちゃダメっぽいんですが、もう昔の話ですから。

夜が更けてくると、酔っぱらった店主がYさんに石自慢みたいなのをはじめるのですが、自慢は石のことより拾った場所場所の魅力のほうが多かったみたいですね。

店主が『ほら、あの石も綺麗だろ』ってYさんの後ろにある棚の上を指さす。

いわれてもYさん、石のことなんかわからないから適当に合わせるだけ。

『でも、あれ拾ったとき変なことがあったんだよ。一瞬、石がすべっとしてさ。なんかさ、わかんないけど柔らかく感じたんだ、たしか。手というか肌というか。そうそう、赤ん坊の顔を撫でたときみたいな、すべっとした感触がしたんだ』

そう店主がいったときYさんの後ろから、なにか床に落ちる音が聞えてきた。

振り返って床をみると水が垂れて、べしゃべしゃになっている。雨漏りかと思ったがそうではない。棚の上の石から水が溢《あふ》れてるんです。けっこうな勢いで。

Yさんは立ちあがって棚のところまでいき、石に目を凝らした。水は石の下からどんどん流れている。彼は『なんですか？　これは？』と振り返ると、店主は『こっちが聞きたいよ』って真っ青な顔をしている。水が異質なものに感じた。流れている水が冷たくて、棚のあたりの空気の温度が下がっていることが肌でわかる。

帰ろうとするYさんに店主は『こわいから帰らないで』と頼んできたそうです。

翌月、店にいってみたら閉店を報せる紙が貼ってありました。

もしかしたら、その後もなにかあったかもしれませんね。

その石ですか？　意外に都内の川で拾ってきたものらしいですよ。

そもそも本当に石だったんですかね、それ。

会いに来る

田端
たばた
Tabata

このお話は和歌山県で行なわれた学会で、飲み屋に行った際に聞かせていただいた話。

ゆうさんの祖母は戦争を生き抜いてきただけあり、精神面でとても強い人だった。祖父は昔ながらの日本人。他人の意見よりも自分の意見、祖父が右と言ったらどんなに周りが反対しようと右。まさに亭主関白そのものだった。そんな祖父を支えてきた祖母は、ゆうさんから見て理想の女性であり、母だった。

中学生の頃、祖母が倒れ田端の病院に入院することになった。意識はあるが、検査のためしばらく入院となったようだった。翌日、母とお見舞いに行くと祖父はベッドの周りをうろうろと落ち着きなく動きまわり、その姿を祖母が嬉しそうに眺めていたのがとても印象的だった。病室のドアを開けるなり祖母にこう言われた。

「ほら、ゆうちゃん来てくれたでしょ」

祖父は無反応だったが、祖母は嬉しそうにこちらを見つめていた。それから一週間ほど入院して、無事退院となった。

翌週、母がこんなことを言いだした。

「お婆ちゃんがね、私たちがお見舞いに行くことがなんでわかったのか不思議だったんだけど、理由がわかったのよ。夢で見たんだって」

そのときはなんとも思わなかったが、その後母からお婆ちゃんが戦争で朝鮮から九州に船で逃げ帰ってくるとき、お婆ちゃんの言うとおりに進んだら魚雷に当たらず帰ってこられたという話を聞いて、本当にそんな力があるのかもしれないと思った。それからしばらくしてまた祖母は入院した。高校生の頃だった。一人でお見舞いに行くと病室のドアを開けるなり「ゆうちゃんいらっしゃい」と声をかけてくれた。本当にわかるのだと確信した。

「もうすぐ、のぶよが来るわよ」

そう言うと、五分も経たないうちに母がお見舞いに来た。そのとき、母に向かって祖母がこう言っていた。

「悪いんだけど、明日の十五時までに全員呼べるかしら?」

母の顔色が急に変わった。母は何も言わずに頷くと、

「頼むわね」

ボソっと祖母がつぶやいた。

翌日、学校から帰るとテーブルの上に書置きがしてあった。祖母が亡くなったので中野

の家まで来るようにとのことだった。時計の針は十七時を回ったところだった。

「そうか、お婆ちゃん自分が死ぬ時刻を知ってたんだ」

心の中でそう思った。祖母の家につくと親せき一同が集まり棺の前で祖母の話に花を咲かせていた。みんなは祖母が亡くなることを昨日聞いていたのだろう。心構えがあるとないではこんなに違うものなのかと思いながら、ゆうさんは祖母の棺の前でわんわん泣いた。

それから不思議なことが続いた。毎晩夢に祖母が出てきては、見たことのない場所を一緒に手を繋ぎ歩いている。そのときの祖母の笑顔はとても嬉しそうで、あるときは山の中を歩き、あるときは船の上で身をかがめ、あるときは薪の前で一緒に暖を取っていた。この脈絡もない夢がなんなのかわからなかったが、一か月後にようやく気がついた。これは祖母の記憶だった。

「また会いに来てくれないかな」

ゆうさんはいまでもそう思うことがある。

クラスメイト

西日暮里
にしにっぽり
Nishi-Nippori

色川武大《いろかわたけひろ》の随筆『怪しい来客簿』の中に終戦直後、江戸川乱歩《えどがわらんぽ》が経験した怪談が書かれている。夜、田端駅から日暮里駅に向かう線路沿いの土手を乱歩が歩いていた。その土手は切り立った崖になっていて、時折飛び込み自殺があったが、一人の女が線路に向かってたたずんでいた。

乱歩は女の傍《かたわ》らを通り過ぎたあと、ふと気になって振り返った。屋上からサーチライトが廻っている。光の束が女性を通り過ぎるとき、光は女の体に遮《さえぎ》られず透かしていった。

その頃から三十年以上経った昭和五十年代。乱歩が幽霊を見たという土手もアスファルトの坂道になった。そこを下ったところにある西日暮里駅の近くの高校にHさんは通っていた。地方からの入学者も何人かいて京都出身のSというクラスメイトと特別仲良くなった。放課後はよく彼の下宿に遊びに行った。

ところがSは学校を休むようになった。最初は風邪でもひいたかと思っていたが一週間経っても登校しない。Hさんは心配になり彼の下宿に行ってみた。

部屋に入るとSは万年床の中で寝転がっていた。だがどうも体調が悪いというわけではなさそうだ。学校に行かない理由を尋ねてみたが、彼が黙ってしまったので無理に聞き出すことはしなかった。話題を変えて芸能人やクラスメイトの話をした。特に変わった様子はなく、いつもどおり他愛のない話を続けた。

突然Sが「もう遅いから帰ってくれ」と険しい顔をしながら言った。

腕時計を確認して驚いた。すでに夜中の十二時近くになっていた。いつもなら遅くても七時か八時には引き上げる。なぜかその夜は時間の感覚がまったく違っていた。

「玄関は鍵がかかっているから裏口から出て玄関に回ってくれ。靴を渡すから」

一見もっともらしいのだがSが玄関の鍵を開けてくれれば済むことだ。なのになぜそんな面倒なことを言うのか。終電の時間が迫っていたので深く考えずに彼の言うことに従った。

裏口に散乱していたほかの下宿人のサンダルを履いて玄関に回る。

ところがいつまで経っても玄関の引き戸は開かない。五分以上経ち、終電が気になって苛立った。再び裏口に回ってドアノブに手をかけたが鍵が閉まっていた。

もう一度玄関に回り、引き戸に手をかける。今度はすんなりと横に開いた。

玄関はうっすらと常夜灯の電球がついていたが、Sの姿はどこにも見えない。

Hさんはサンダルを脱いで自分の靴を履こうとして、おかしなことに気がついた。靴は左右の靴紐を一本の緑色の紐で片結びに繋がれていた。誰かがやった悪戯《いたずら》なのかと腹を立てながらも急いで紐を解《ほど》き、靴を履いて玄関をとび出す。線路沿いの坂道——西日暮里駅に向かって走った。

次の日、登校すると担任はHさんを空き教室に連れていった。そして深刻な表情でSが自殺したと告げた。

「Sとは仲がよかったな、最近会ってないか」

Hさんは気が動転した。

「いつ死んだんですか。僕、昨日の夜に彼の下宿で会ったんですが」

すると、今度は担任が驚いた顔をして言った。

「そんなはずはない。あいつは昨日の夜、京都の実家で首を吊ったんだ」

返す言葉を失った。

あとでわかったことだが、Sが無断欠席をする直前のこと。小学校時代の友人から突然電話が来て「これから自殺する」と言われたそうだ。彼とは近しい関係ではなかったし、とても本気だとは思わなかった。慰めるためにわざわざ東京から京都に戻るのも面倒に感じたのだろう。

何もそんなに悩むことはないんじゃないか、と軽く流して電話を切った。

しかし、彼は本当に自殺してしまった。知らせを聞いたSは数日悩んでから京都に戻り、遺族と会った。そして電話があったことを話したところ、なぜ止めてくれなかったのかとひどく責められたという。

その翌日、Hさんが会っていたはずの日の夜。Sは首を括ってしまった。

屋台ラーメン

昭和の終わり頃、Oさんは西日暮里駅の近くにある高校に通っていた。

その高校では毎年五月に運動会が行われる。本番が近くなると、生徒たちは放課後から夜遅くまで学校に残り、桟敷に掲げる立て看板の制作に没頭する。十九時を過ぎる頃には近所の食べ物屋は閉まり、居残りの生徒たちは空腹に苛《さいな》まれる。

その日、Oさん含む数人の居残り組はあまりにも腹が減ったので、どこか営業している店はないかと校門を出てふらふら歩いた。

すると、屋台のラーメン屋を見つけた。こんな住宅街の真ん中で珍しいと思った。

屋台の親父、といってもまだ三十歳前後だろうか。

なんとなくガラの悪さを感じた。愛想もなく注文しても返事もしない。

しばらくして親父は出来上がったラーメンを屋台に並べた。

Oさんは一口食べて、スープの味に違和感を覚えた。正直旨くない。

文句を言いたかったが、切れ長で眼光が鋭い親父に何も言えなかった。

スープを飲まずに麺だけ食べるとさっさと器を置いた。

しかし、ほかの連中は夢中で麺をすすっており最後にスープを全部飲み干した。

親父に代金を払って屋台を出た。高校に戻る途中でOさんは、「さっきのラーメン、スープの味が変じゃなかったか」ときいた。

だが彼らはみんな首を振り、美味しかったという。

次の日の夜も、友人らはしきりにあの屋台のラーメンが食べたいという。

Oさんは教室に残ることにしたが、ほどなくして皆戻ってきた。

「どうした」ときくと、彼らは屋台が見つからなかったという。

諦めきれず次の日も屋台を探したが結局見つかることはなく、運動会当日を迎えラーメンのことはそれきりになった。

ところが数か月経ち、世間を震撼させる事件が起きた。

関西の暴力団が抗争相手のやくざを殺し、体をばらばらに刻んで山中に埋めた。

遺体の手首部分だけは指紋を消すためにとろとろに煮てスープにした。

それから東京に出てきてラーメンとして屋台で売っていた、という事件だった。

供述によると、犯人は西日暮里界隈で屋台を曳いていたそうだ。

Oさんたちは、運動会の前に自分たちが食べたラーメンがまさに「手首ラーメン」だったのではないかと真っ青になった。

だが犯人はその後、自供を撤回し「ラーメンは結局売らなかった」と供述した。

Oさんたちは新聞記事を読み、犯人の言うことが真実で自分たちは「手首ラーメン」を食べていないと信じることにした。


Oさんは医学部を受験し無事に受かって医学生となった。

解剖の実習のときにほかの医学生が冗談で言った。

「『ひかりごけ※1』や『アンデスの聖餐※2』で食べた人肉はうまかったのかな」

彼はこの言葉に反応しあの晩のラーメンの味を思い出した。そして無性に人肉が食べたくなり、なんと献体の肉を切り取り七輪で炙《あぶ》って食べてしまった。

当然問題になり医学のために提供してもらった献体を凌辱《りょうじょく》したとしてOさんは退学処分になったそうだ。

※1 ひかりごけ……一九五四年に発表された、武田泰淳の短編小説。一九四四年に難破した陸軍の徴用船の船長が、船員の遺体を食べて生き延びた食人事件（ひかりごけ事件）を題材に書かれている。
※2 アンデスの聖餐……ブラジルで一九七五年に制作されたドキュメンタリー映画。一九七二年、ウルグアイ発チリ行きの旅客機が遭難し、雪山で生き残った乗客たちが死体を食糧にして生還した、ウルグアイ空軍機五七一便遭難事故が題材。

ホテル　1

たしかな統計はないが、とあるラブホテルの経営者は事故や自殺、心中なんてどの部屋でも当たり前に起こっていることだといっていた。

これは日暮里にあるラブホテルでの体験談。Tさんは四十代の営業マン。

家庭を持っているが出張だと言い訳しては派遣型の風俗を頻繁に利用していた。

その日も仕事の休憩時間にアプリを利用して好みの子を選び予約をした。

駅からさほど離れていないホテルを指定し先に入室して女の子を待つ。

ほどなくして女の子が到着してさっそくサービスを受ける。

事が終わり満足したが時間までは添い寝して欲しいと伝えると、女の子は快く了承してくれた。Tさんは果てた満足感からすぐに眠りに落ちた。


ぐぉおぉおぉおぉ……

獣のような空気を震わす低い不気味な唸《うな》り声が耳元で聞こえて目が覚めた。

頭を動かして横を見ると女の子が苦しそうに白目を剝《む》き自分の首を押さえている。自分で自分の首を絞めているのだ。

「何しているんだっ」Tさんは慌てて彼女の指を無理やり剝《は》がした。

すると、女の子はゴホゴホと激しく咳き込みながら必死に肺に空気を取り込んだ。

それでもなお低い唸り声は聞こえている。

彼はそこで初めてそれが女の子の発する音ではないことに気がついた。

音がどこから出ているのか探ると女の子が横たわっていた枕のほうから……。

いや、枕の下から聞こえていた。ベッドの下かもしれない。

Tさんにその正体を確かめる勇気はなかった。自分も混乱しながら半泣きの女の子をなだめる。急いで服を着せて支払いを済ませてから二人で部屋を飛び出した。

Tさんは外に出られてほっとしたが女の子は顔面蒼白で全身震えている。あまりに怖がっているので、いったい自分が眠っている間に何があったのかと聞くと彼女はぽつりぽつりと語った。

彼が眠ってすぐのこと。自分も横で微睡《まどろ》んでいると体の上にずっしりとした重みを感じた。まるで誰かが馬乗りになっているような感覚に襲われたそうだ。

Tさんかと思ったら寝息が聞こえる。何事かと軽くパニックなり慌てて彼を起こそうとしたところ首に強い痛みが走った。なにかが首を絞めている。

必死に剝がそうと抵抗するも力は強く、声帯を押さえられていて声が出ない。

息もできず、もうダメかと思ったらTさんが飛び起きて助けてくれたそうだ。

ちなみに女の子には、あの唸り声は聞こえていなかった。

じつはこのホテルでは過去に何組ものカップルが心中しているという噂があった。しかし毎回男だけは生き残り、死ぬのは必ず女のほうだという。

ホテル　2

二十代女性のSさんが風俗の職場で体験した話である。

その日、Sさんは雨が激しく降りしきるなか、なんとか仕事先となるホテルに着いた。客は先にホテルにおり、事が済んだあと、

「先に帰っていいよ」

と言われ、帰りの支度を整えた。すぐに部屋を出てエレベーターへと向かった。下の階へ行くボタンを押し、待っていると、ふと廊下側から強い視線を感じて振り返った。すると、廊下の中央に真っ黒い姿の人が自分のほうに向かって歩いている姿が見えた。Sさんは恐怖で身体が硬直したが、幸いエレベーターがやってきてすぐにその場をあとにしたという。

鶯谷の北口はホテル街となっており、駅周辺のホテルにはたびたび幽霊の目撃情報がある。

鶯谷
うぐいすだに
Uguisudani

ホテル　3

鶯谷は東京大空襲や関東大震災で何度となく壊滅した町である。

政府は土地が開けたところに労働者たちの宿泊所をつくった。その流れからいままでは五十軒以上のラブホテルが立ち並び、日本有数の風俗街として発展を遂げてきた。

だが、この街をよく知る風俗嬢が絶対に避けるホテルがあるそうだ。

それは駅から少し離れた英語名のつくホテルである。

当時Sさんは二十二歳。風俗嬢としてデビューしたて、まだ新人の頃だった。

ある日、客からの初指名を受けてそのホテルへと派遣された。

まず客と一緒にシャワーを浴びるがその時点から妙な感じがした。客ではない別の気配とねっとり絡みつくような視線を感じてどこか落ち着かない。盗撮の可能性も疑う。

Sさんは客に体を絡ませてサービスをしながら全身を洗う。だが、横目では視線の主を探していた。ふと浴室の曇りガラスに黒い人影が映っていることに気がついた。

「やだっ誰かいる」と思わず悲鳴をあげた。

鶯谷
うぐいすだに
Uguisudani

客も驚いて覗きや泥棒だったら困ると、すぐさま一緒に部屋の中を確認する。しんとしており人の気配はない。見回すが誰もいなかった。荷物もそのままだ。

「ごめんね、わたしの気のせいだったみたい」

Sさんは内心、絶対に見間違いではないと確信していた。

正体はわからないがたしかになにかがいた。こっちを覗いていた。

しかし、これ以上騒いで客のテンションを下げてしまっては仕事に支障が出る。

彼女は怖いのをぐっと我慢をしてサービスを続けた。


事が済み、客はベッドでくつろいでいた。

Sさんはトイレで用を足してから洗面所で手を洗って髪を直している。

すると、いま出てきたばかりのトイレから激しくドアを叩く音がする。

部屋に響く怪音に、横になっていた客も何事かとベッドから飛び上がってきた。

機械音などではなく明らかに人為的。音は一分以上続きSさんは震え上がった。

客が意を決してドアノブを回すと——中には何もおらず、音もぴたりと止んだ。

まだサービスの時間には余裕があったが、彼の意向もあり二人してホテルを出ることにした。

Sさんは事務所に戻り興奮冷めやらぬまま先輩嬢に先ほどの出来事を伝えると皆さも当然だという顔をする。休憩に利用するには料金が特別安いからと、客がそのホテルを指定することがたまにあるが彼女たちは絶対に断るという。

なぜならほかの嬢もまた新人だった頃、まさにそのホテルでいろいろ体験したそうだ。並べてあった靴が全部ひっくり返されていた、洗面所の鏡に女の顔が映った、浴室内で足を引っ張られた、プレイの最中に金縛りにあった——など話は尽きない。

ある風俗嬢がそこでストーカーに殺され、その霊が悪さをしているのではないかという噂があるが真偽のほどは不明である。

ホテル　4

その日、Dさんは出張で関東に出向いていた。
彼は仕事を片づけると上野駅近くにあるホテルへと向かった。
チェックインを済ませて部屋に向かうと早々にベッドに横になった。
夜遅く疲れていたこともあったので彼はすぐに寝息をたてはじめた。
子どもたちのはしゃぎ声が窓の向こうから聞こえはじめる。
(うるさいなぁ……何時だと思ってるんだ)
注意するのも面倒だったので、無視をしていた。
だが、はしゃぎ声はいっこうに治まらない。
からかうような関西の方言や笑い声が部屋の中まで響いてくる。
イライラしたDさんが頭からシーツを被ったとき、にぶい音が聞こえた。
べたんっ
大きなゴムボールが窓に当たるような音だ。

上野
うえの
Ueno

子どもたちの悪戯だと思ったのでDさんは頭に血がのぼった。
すぐにベッドから飛び降りると窓へと向かう。
(悪戯にしてはやりすぎだろう!)
文句のひとつでも言わなければ気が済まない。
乱暴に窓を開けて顔をだしたと同時に、彼は気づいた。
(子どものボールが届く高さか?　ここは六階だぞ)
眼下に広がる通りに子どもたちの姿はなかった。

Dさんが身震いすると、背後で部屋の扉が閉まったという。

美容外科

その美容外科クリニックは上野のとあるビルの四階にある。Hさんは大学病院での人間関係に疲れ、二年前からこのクリニックで働いている。もともと興味があったわけではない。ただ、給料が大学病院と変わらず良いということ、定時で帰れるということが最大の理由だった。

美容整形、脱毛などいろいろな処置を行なっているクリニックに来る患者さんのほとんどは、綺麗になりたいという想いを持ってやってくる。そのほとんどが女性であり、若い子たちが中心のため年齢が近いこともあり働きやすかった。

受付を済ませ、診察し、術前準備室へ案内し手術室へ入るというのが一般的な流れであった。術前準備室は身体の準備とともに、心の準備をする場所として扱われていた。手術室がひとつなのに対し、術前準備室は五つもある。心の準備が整わないと手術をせず退室する患者さんもいる。そのためこの部屋の使用には制限時間を設けてはいなかった。「準備ができたらナースコールを押してください」とだけ伝えるようにしていた。なるべく患者さ

上野
うえの
Ueno

んの気持ちを優先したいという医院長の計らいでもあった。

ただ、その中にある五番目の術前準備室は何かがおかしい。誰もいないはずなのにナースコールが鳴ることが多々ある。もちろん設備は最新のものであり、こんなことが起こるため何度も機器の調整には来てもらっている。

平日の静かな午後のことだった。Hさんが作業をしていると五号室からナースコールが鳴った。

じつは患者さんには伝えていないことがひとつだけあった、それはすべての部屋に監視カメラがついているということ。その昔、院長が別の美容外科で働いていた頃、術前準備室で亡くなった人がいる。プライバシーも大事だが命のほうが大事という結論に至り、カメラを設置していた。

Hさんがカメラの画像に目をやるともちろん誰の姿もない。それはそうだ。いまは昼休憩中。患者さんはどの部屋にもいない。

「また鳴ってる」心の中でそう思いながら念のため部屋を見に行く。五号室は正直気持ちが悪い、なぜかこの部屋だけ常に誰かに見られているような感覚に襲われるからだ。

部屋に入り、中を確認しているとインカムが入った。

「Hさん、いま五号のナースコール押しました?」

それは詰所にいる看護師からだった。もちろん押すはずがないので、

「押していません」「そうですよね」

プツリと通信が切れた。気味が悪くなったHさんは早々に部屋をあとにした。

一時間ほど経過した頃、またあの五号室からナースコールが鳴った。画面を確認すると、今度は画面が暗くなっている。なぜ暗くなっているのだろう。

近寄ってみようと一歩踏みだすと、画面に突然大きな目が現れた。

映っていたのはカメラに近づいていた人間の顔だったのだ。

こちらをじっと見つめているその目からは、言い知れぬ憎悪のようなものを感じた。急いで五号室に向かい、ドアを勢いよく開けるとそこには誰の姿もなかった。

部屋の中にある白い台車の上に、男性の靴跡が残っていたという。

目をつけられた

御徒町
おかちまち
Okachimachi

「同級生から電話があったのね。卒業から五年以上経ってたからビックリ。超久しぶりじゃん元気？　とかいって。なんの用かと思ったら『お祓いしてくれるところ知らない？』って訊いてくるのね。なんでアタシに訊く？　って感じ。そしたら、アタシがいまでも付き合いのあるほかの同級生から、アタシが心スポ大好きってこと聞いたらしくて。なんかあった？　って返したら、この話をしてくれたの。

なんかその同級生、御徒町の居酒屋で酔っぱらって。

帰るとき、階段あがるの面倒くさくて壁にもたれて、しゃがみ込んで。吐きそうなの我慢しながらラクになるの待ってたら、そのまま爆睡しちゃったらしくて。ひとが通ってく音とか聞こえてくるの。終電近かったみたいだからあたり前だけど。

その音がいきなり、ピタって止んだの。

目ぇ開けて顔上げたら、ひとが立ってたっていうのね。髪の短い、首元でてる服着た女のひと。まっすぐその子に向かって立って、見下ろしてたんだって。まわりみたらさっきメチャひといたのに誰もいない。え、なにワケわかんない、ってなって、立ちあがろうとしたら、そのおんなのひと消えたんだって。

アタシ、心スポは好きだけど、そういう体験談？　みたいなのは苦手だからこわい、こわい！　ってなっちゃって。そっから詳しく聞いてないけど、目をつけられたらしくて、家にそのひとがくるようになったとか。

とりあえずお祓い？　とかどこでやるか知らないから、自分でネットで調べなっていったの。それだけの話。

それからその子、病院に入院してたらしいけど、いつの間にか自殺しちゃって。だから詳しくはもうわかんないのね。でも、入院してたとき、お見舞いにいった子から聞いたら最後のほう、メチャャ様子変だったたって。自分で切ったみたいなガッタガタのショートヘアにして。アンタ、なんでそんな髪型なのってその子が訊いたら『トモダチと同じ髪型なんだあ』って笑ってたって。なんかこわくない？」

神田明神

秋葉原
あきはばら
Akihabara

その日、Jさんは友人とあるイベントで秋葉原に来ていた。

イベント前に神田明神に寄ってみようということになり、行ってみることにした。日中の晴れた日で、拝殿前の広場は大きく開けていた。御神木の大銀杏《いちょう》とケヤキの巨樹が揺れて気持ちの良い風が吹いている。お参りを済ませ、拝殿のさらに奥へと歩みを進めた。すると、そこには小さな祠《ほこら》やお稲荷様が複数並んでいる場所があった。その横にはひと抱えできるかできないかほどの大きな岩が無造作に並んでいる。細長い岩もあり、そこに装束を着た男女二人が岩に座っていた。女性は美しく若い。髪を真ん中で綺麗に分け、耳のあたりで丸く結わえている。まるで、弥生時代に見られる、みずら結いのようであった。服装は巫女のように上は白、下は赤の袴《はかま》を着用していた。男性は老人で短髪、白髪であった。服装はというと、上は白、下はややくすんだ薄い茶色の袴を着ている。二人とも左胸には何かの模様がついていたが、なんの模様かはわからなかった。(何かの撮影?)と思いつつ、二人に向かって、

「こんにちは」

と声をかけると、二人は静かに微笑み会釈をしてきた。

その様子を見てしばらく歩いていると、一緒にいた友人が、

「ねぇ、さっき誰に挨拶したの？」

友人には岩に座る二人の姿は見えていなかった。

流しておいて

Aさんは以前、秋葉原のキャバクラに勤めていた。

もともと人見知りでお客がつかなかったが、数か月すると、指名をとることができた。そのうちの指名客のひとりが何度目かの来店時のことだ。

「俺、霊感あるんだよ」

何がきっかけだったのか、妙な話になった。

「えっマジですか。幽霊って本当にいるんですか」

「いる、いる。みんな見えてないだけで、たくさんいるんだよ」

Aさんはその指名客にこんな質問をしてみた。

「もしかして、このお店にもいるんですか」

「んん……そうだね。ああ、あの子。憑いてるな」

そうつぶやくと一人のホステスを指さした。その子は店のナンバーワンで人気のホステスのMさんだった。

「あの子のことが好きなんだろう。顔の真ん前で『俺のことを好きになれ、俺が一番カッコいい、俺のことを好きになれ。俺と結ばれろ』ってずっと言ってんだよ」

Mさんは Aさんが入店する二年ほど前から働いている。その店舗ではドレスを着用する女の子がほとんどであったが、Mさんだけは通勤時も仕事中でもロリータ系の衣装を着用していた。アイドルを目指していると聞いたこともある。

「こういう仕事だし、やっぱり生霊とか憑いちゃうんですかね。どんな男の人なんですか?」

そう男の容姿を聞くと、憑いているのはどうやらMさんの太客で一番お金を落としている男のようだった。自分の名前もつぶやいているらしく、ぴったり一致していた。

青くなったAさんを見て、指名客は優しい口調でこう言った。

「紙とペン、ハサミを持ってきてもらえるかい」

Aさんは言われたものを渡すと、指名客は紙を人の形に切っていく。いわゆるまじないなどで使われるヒトガタというものだ。そこへ御札に書かれているような文字を書いた。

「あの子に渡しておいて。たぶんあの子の住んでいる近くに川があるから、そこにコレを流せばいいよ」

Aさんは紙を受けとった。そして仕事終わりにMさんにこの話をした。

「そのお客さんが言うには、川に流せばいいとか……」

普段あまり表情を変えないMさんだが、それを聞いて驚いていた。

「住んでいるマンションの裏手に川があるのよ」

Mさんによれば、ヒトガタの紙はその日のうちに川に流したそうだ。

以降、Mさんに憑いていたであろう、例の太客は来店しなくなった。

ただその空いたぶんを補うかのように、新しいお客さんが立て続けにMさんにつき、ナンバーワンを維持していった。

そのあたりからMさんは妙に社交性が高くなった。服装もロリータ系ではなく、ドレスを着るようになり、明るくなった彼女は店を任され、アイドル活動にも精を出しCDを出せるようにまでなっていったという。

雑居ビル

昭和五十年代、Ｅさんは公立中学校の生徒で神田駅近くの英語塾に通っていた。塾は雑居ビルの五階にあり、ビルのオーナーの息子Ｂ君もまた塾生だった。

Ｂ君は名門私大の附属中に通っており母親は若くて綺麗で教育熱心だ。彼が小学生の頃から英語の家庭教師をつけていた。息子が中学に上がるタイミングで持ちビルの一室を開放すると、その家庭教師を講師に招いて英語塾を開いた。教え方はとてもわかりやすく、Ｅさんは入塾してからというもの英語の成績が目に見えて伸びた。

学校で試験結果を手に喜んでいるとクラスメイトがどこの塾に通っているのかと尋ねてきた。塾の名前と建物の場所を教えると彼は怪訝《けげん》そうな顔をして言った。

本当にそこなのか。曰く、そのビルにテナントは入っておらず現在は無人のはずだ。これは近くで働く両親から聞いた話だけど、と前置きし彼は続けた。

何年か前、ビルのオーナーは別の若い夫婦で最上階に住んでいたそうだ。

ところが妻は子どもを産んだあとに育児ノイローゼになった。

神田
かんだ
Kanda

結婚前は地方の一軒家に住んでいたが、いまやオフィス街のビルと環境が一変した。しかもテナントはすべて会社で、隣近所との付き合いも皆無だ。午後七時を過ぎる頃には皆退社しビルは無人になる。だが夫は別の場所で働いており帰りは夜遅い。夫不在の過酷な育児、環境の激変と孤独に苛まれ妻の精神状態は徐々におかしくなっていった。ある晩、妻は幼い子どもを抱えてベランダから飛び降り亡くなった。

そのことがあってか、テナントも少しずついなくなり、いまでは幽霊ビルだという。

次の日の夕方、Eさんは少し早く塾に行った。階段を使い一階ずつ調べてみる。すると、たしかにどのフロアにもテナントは入っておらず、がらんとして不気味だ。五階だけ、いつも通り塾が開いていた。つまり塾以外は完全無人だったのだ。

B君が塾に来たタイミングでこのことを尋ねた。

ビルの建て替え計画があるので敢えてテナントは入れていない、と彼は答えた。

夜、授業が終わり生徒たちはエレベーターに乗り込んだ。見送りの先生も一緒だ。降りている最中、突然エレベーターがガタリと揺れて中が真っ暗になり停止した。生徒たちは慌てて非常ボタンを何度も押すが応答口からはなんの反応もない。

Eさんはこのビルにはほかにテナントがいないことを思い出し、パニックになって叫びだした。恐怖は連鎖しほかの生徒たちも大声をあげた。泣く者もいる。

先生はなんとか混乱を収拾しようと「大丈夫だから」と声をかけ宥《なだ》めている。

五分か十分か――永遠にも感じる時間が過ぎた。

ふいに室内の灯りが戻りエレベーターが再び動き出した。

ドアが開き地上に着くと、B君の母親がひどく心配そうな顔で立っていた。

帰りが遅い息子を心配して迎えに行くとビルの窓には明かりがない。エレベーターの中からは子どもたちの悲鳴。彼女は焦《あせ》ってボタンを押すがまるで反応がない。なぜか電源のブレーカーが全部下りていたので、慌てて上げたそうだ。


騒ぎから半月後、建物の老朽化を理由に突如塾は閉鎖されB君とはそれきりになった。

さらに五年の時が経ちEさんはB君が通っていた中学の系列大学に合格した。

そこで偶然彼を知る者と同じクラスになり衝撃的な話を聞いた。

じつはあの若く綺麗な母親と塾の先生は何年もの間、不倫の関係にあったらしい。

だが、例のビルで逢瀬《おうせ》を愉しんでいたところを夫が押さえた。その夫も別の女性と不倫関係だったことが露顕。家庭は完全に崩壊しB君はビルから投身自殺を図った。

一命を取り留めたが学校も辞めていまは行方不明だという。

いまだビルは取り壊されず全部屋空室の幽霊ビルのまま、令和の現在も残っている。

銀の鈴

Y子さんはブライダル業界で働いている。

その日、彼女は出張で関東に出向いていた。幼い娘がいるので宿泊はできない。

仕事を終わらせるとすぐに東京駅へ移動して帰りの電車を待つことにした。

余裕をもって着いたので乗車時刻までには、まだ時間がある。

暇をもてあました彼女は駅内にある銀の鈴広場を見に行くことにした。

ここは、待ち合わせ場所としてつくられた広場で大きな銀の鈴が設置してある。

彼女はお土産を探すついでに広場へと向かった。

広場は人々で賑わっていた。

鈴が収められている大きなガラスケースが見えてくると彼女は「おや?」と思った。

すべてのガラスが白く曇っている。気温や湿度のせいだとは思えない。

不思議に思っているとガラスの一部に妙なものがあった。

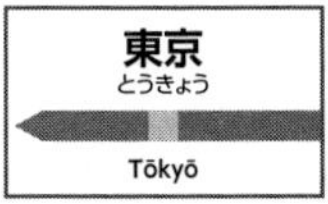

ウェディングドレスを着た花嫁が背中合わせに張りついているのだ。

金髪の白人女性で目を閉じてうつむきながら両手で花束を持っている。

まるで水面に浮かぶように身体の前半分をガラスから覗かせていた。どうやら——人形らしい。だが、生きているように生々しく完璧な美しさだった。

企業の広告だろうか、と思いY子さんは興味をひかれた。

近づいてよく見てみようと思ったとき彼女の後ろから小さな女の子が駆け出してきた。

驚いたY子さんが足を止めると女の子はよちよちと歩きながら花嫁に向かっていく。

その後ろを母親らしき女性が声をかけながら追いかけていった。


女の子は花嫁を前にすると、母親に話しかけた。

「お花、きれい」

「そうだね、銀の鈴きれいだね」

二人のやりとりを聞いていたY子さんは首を傾げた。

会話がかみ合っておらず、それぞれ花束と鈴をきれいだと言っている。

母親には花嫁の姿が見えていないように思えた。

そのとき、花嫁が女の子に向かって花束を差し出しはじめた。

Y子さんは人形だと思っていたのでぎょっとした。
女の子は「お花、きれい」と嬉しそうに両手で受け取ろうとしている。
つぎの瞬間、花嫁が勢いよく空中に舞い上がった。
見えないロープで無理やり吊り上げたようだ。
不自然な姿のまま天井に達すると、吸い込まれるように消えてしまう。
そこから、入れ替わるようにして黒く大きな痩せた手が現れた。
手は女の子に向かってずるずると伸びていくと、襟首をつまみ持ち上げる。
小さな靴の踵《かかと》が浮き上がると、母親の叫び声があたりに響きわたった。
途端に黒い手はざぁっと霧散して消えてしまうと、女の子はその場に尻もちをついた。

何かの見間違いだろうか、とY子さんは思った。
目の前では母親が女の子を抱き寄せて座り込んでいる。
周囲の人々は目の前で起きた出来事に気がついていない様子だった。
状況はどうであれ、同じ母親として放っておくことはできない。
「大丈夫ですか?」
声をかけながら近づこうとしたY子さんはその場で足を止めた。

親子は無表情でこちらを振り返っていた。

黒いガラス玉のような目玉は瞬きすらしていなかった。

この親子に関わってはいけない——そう思った彼女は、すぐにその場を離れたという。

「あれがなんだったのかいまだにわからないのです。ただ、あのとき見たものはすべて私に関係あるものでした。花嫁も、幼い娘も、母親も、すべてが私の仕事や家族関係に似ていると感じたのです。きっと、考えすぎですよね……」

Y子さんはそう言ったのだが、いまでも銀の鈴広場には近づかないそうだ。

土煙

東京駅の地下にはインフラ設備を収めるための中空エリアがある。

天井の低い場所が多く、そこには配管やケーブルなどが引かれていた。

ある日、作業員のHさんは現場監督と二人でこのエリアに潜《もぐ》ることになった。


中に潜ってみると明かりはなく真っ暗な闇が続いていた。

歩道の真下にあるので隙間から地上の光が差し込み、ところどころ闇を切り取っている。

だが、海の底を思わせるような暗い場所なのでヘッドライトの明かりだけが頼りだ。

Hさんは腰をかがめながら現場監督と作業の打ち合わせをしていた。

作業灯の設置場所などを打ち合わせしていると、現場監督の携帯電話が鳴った。

急用だったらしく、監督はHさんを残して外へと出て行ってしまった。

残されたHさんは、あたりをライトで照らしながら周囲の確認を続けていた。

奥のほうへ目をやると――妙なものがあった。

東京
とうきょう
Tōkyō

土煙があがっているのだ。
天井から差し込んだ光が白く反射して見えている。
ネズミでも暴れているのかと思ったHさんは目を凝らしてみた。
土煙の中で、白髪の老人が腹ばいになっていた。
剝き出しの地面を両手でかき回しながら、うごめいている。
Hさんがぎょっとして動けないでいると、老人と目があった。
老人は必死の形相を浮かべると彼を睨みつけながら地面を這いはじめた。
もうもうと土煙をあげながらこちらに向かってくる。
Hさんは叫び声をあげると外へと飛び出した。
その場にいた現場監督を捕まえると、息を切らせながら老人の話をする。
一緒に地下へ戻ったが、先ほどの場所には誰もおらず土煙もすっかりおさまっていた。
ただ、静かな空間が広がっているだけだったという。

破裂音

Kさんは工事現場で働いている。

当時、彼は東京駅の改修工事を行なっていた。

規模の大きい現場で作業時間は終電後の深夜帯だった。

ある夜のことだ。Kさんが持ち場の作業を終わらせると現場のリーダーから北口広場の応援に行ってくれと頼まれた。始発までに作業現場を片づけておく必要があるのだが、人手が足りずに間に合わないという。Kさんはすぐに北口広場へと向かった。

空が白みはじめる頃、あらかたの作業が終わった。始発までには作業が片づいたので、Kさんはほっと胸をなでおろした。

そのとき、ぱぁんという破裂音が鳴り響いた。

Kさんは驚いてあたりを見まわしてみたが変わった様子はどこにもない。

音はガスバーナーの破裂音に似ていたが道具はすでに片づけられていた。

不思議に思い仲間たちに尋ねてみたが誰も破裂音を聞いていないという。

勘違いだろう、と思ったのでKさんは仕事を終えると帰宅した。

翌日、現場に出てみるとリーダーの機嫌が悪かった。

理由を聞いてみると昨日の晩にBくんという作業員が勝手に自宅へ帰ったらしい。北口広場の作業が遅れたのはこのためだった。安否確認のため会社がBくんに連絡してみると「現場で妙なことが起きた」と出勤を拒否しているという。


それはKさんが北口広場に行く前のことだ。

作業をしていたBくんはふいに誰かの視線を感じた。あたりを見まわすと目の前に交番がある。いまは使われていないようで暗く静まり返っていた。

その暗闇の中に警察官が立っていた。

青白い顔でこちらをじっと見ている。

Bくんが不思議に思っていると警察官はゆっくりと右手を上げはじめた。

その形は人差し指と親指を立ててまるで拳銃のようだった。

銃口を模《も》した人差し指をゆっくりと口の中にいれると、自らを撃ちぬくようにぱぁんと頭を揺らした。

警察官はこの動作を何度も繰り返しはじめた。
はじけるように頭が揺れる姿は弾丸を何発も撃ちこんでいるように見える。
Bくんは全身に寒気が走ると身に着けていた装備をその場に投げ捨てた。
そのまま現場から家に逃げ帰ったという。

この話を聞いたKさんが調べてみると、そこでは警察官の拳銃自殺があったらしい。
のちに交番は取り壊されたということだ。

映り込む

「変なものを見てしまった」と夫は帰宅して開口一番に言った。

取引先からの帰り道、その日はあいにくの土砂降りだった。

雨の中、水溜まりを避けつつも急ぎ足で人ごみを縫って有楽町駅前の広場を歩く。足元に目をやりつつ歩を進めると視界の端に女の人が見えて思わず二度見した。

黒色の長髪、服装は昭和を感じるレトロデザインの赤色ワンピース、白いヒール。

異様なほどに長い手足。しかし、彼が気になったのはそこではなかった。

多くの人が傘をさして行きかう中で女は服が汚れるのも気にせず、まるで犬のように地面に四つん這いになっている。

雨に打たれながらも、何かを探しているようだった。

(大事な落とし物かな)

足を止めて彼女を凝視する。

女は地面を這ったまま、広場を歩く人について行く。

有楽町
ゆうらくちょう
Yūrakuchō

だが相手が自分に関心がないとわかると、またほかの人をターゲットについて行く。

不思議なことに歩く人たちは誰もこの気味の悪い女に目をやりもしない。

故意に無視しているのではなく、まるで女が見えていないかのような振舞いだ。

次の瞬間――目が合った。

ゆっくりと女はこちらに向かって一直線に這ってくる。

彼は驚いて踵《きびす》を返し駅の改札へと急いだ。

改札を抜け階段を上がるとちょうど駅のホームに電車が到着したところだった。

後ろを振り返ると四つん這いの女が階段に手をかけている。

そこに後ろから勢いよく階段を駆け上がってきたサラリーマンが女と衝突した。

そのサラリーマンの膝が女の首を蹴り上げたのだ。

女の首はゴム毬《まり》のように、ぶるんぶるんと上下左右に激しく揺れる。

男はぶつかったことに気づかずそのまま階段を上ってきた。

それを見て彼はいっそう恐ろしくなり、階段からできるだけ離れた車両に走って乗り込んだ。電車が出発し車内に女の姿が見えないことに心底安堵したそうだ。

何か月か経ち、妻は夫とともに夕方のニュースを見ていると例の広場が映った。

熱帯低気圧の影響で、その日も雨だった。

雨合羽を着たニュースキャスターがマイクを片手に街の様子を実況している。

突然、夫がひどく興奮しながらテレビ画面を指さした。

さした先、ニュースキャスターの背後には赤い服の女が映り込んでいる。

「前に話しただろう、これ間違いなくあの女だ」

だがあのときと違って四つん這いではなくまっすぐに立ちカメラを見つめている。

「普通の人に見えるけど……」

「いや絶対に違う。うまく説明できないんだけどさ、わからないかな」

そう夫に言われてまじまじと画面に映る女を見たが、ずぶ濡れになっていること以外におかしなところはなかった。

それ以降、有楽町の広場がニュースに映り込むときにはあの女を見つける。

必ず雨の日なのだそうだ。

睨む

場所は新橋駅近くで古くからある飲み屋街。

その日、Tさんは仕事の疲れを癒すべく車で街に出て一杯やることにした。

スナックに入ると平日の早い時間ということもありほかに客はいない。

「美人ママを独り占めできるぞ」と、少し浮かれながら飲んでいた。

楽しいときが過ぎるのはあっという間だ。そろそろ帰ろうかと思いママに頼んで代行車を呼んでもらう。

しばらくして代行業者が到着し隣接する駐車場から車を取ってきてもらった。

では帰ろうと店を出て自分の車の助手席に乗り込むと、ママも店先まで出て見送ってくれる。

「ありがとうございました、おやすみなさい」

「ご馳走様でした、おやすみなさい」

車が走り出すとすぐに代行の運転手がしゃべりかけてきた。

「いやあ、見送りに出てくれたのがあの人で良かったですよ」

「はい？　どういうことですか」

「奥にいたママさんが出てきたらどうしようかと」

「んと、あの店のママは一人だけですよ」

「え、奥のほうにお婆ちゃんがいましたよね。お客さんかな。すごい表情でこっちを睨んでいて」

「いえ、客も私一人でしたが」

「あ、そうですか……やめましょう、この話。たまにあるんですよねぇ」

Tさんは背筋がぞっとして、それ以上は聞けなかったそうだ。

黒いナースコール

新橋のとある病院で働いていた、とある看護師の方から聞いた話である。

あるとき、ナースコールが鳴ったので病室へ向かった。

「何回も押したのに、なんでもっと早く来てくれないの」

「すぐ来たつもりなんですが、どうしました」

「そんなはずはない、ナースコール二つとも押したのに！」

よほど早く来てほしかったのか患者さんは興奮していた。

「二つとはどういうことですか」

「こっちの白いほうと、こっちの黒いほう」

黒いほうとはなんだろうか。

「その黒いほうはどれですか？」

「これ」

腕を持ちあげて見せてくれた手には何もなかった。

新橋
しんばし
Shimbashi

押し問答しても仕方がないので、来るのが遅れたことを謝罪し部屋をあとにした。

それから二日後、患者さんは状態が急激に悪くなり亡くなられた。

また別の日、患者さんからナースコールが鳴った。部屋に入るなり、

「看護師さん、ナースコール知らないかしら」

ナースコールを握り締めたまま、ナースコールはどこですかと尋ねてくる。

一時的な混乱状態だと思い、手に持っているナースコールを指さすと、

「これじゃない、もう一個の黒いほうだよ」

この患者さんも少し前に亡くなられた方と同じことを訴えている。黒いほうのナースコール、いったいどんな形をしているんだろうか。

「それってどんな形をしているのですか」

「黒いほう？　普通のナースコールと同じ形よ」

「じゃあ次押すときは、必ず白いほうを押してくださいね。黒いほうは触ってはだめですよ」

偶然かもしれない。ただ、そのボタンは押してはいけない気がした。

数日後、同じ患者さんからナースコールが鳴った。もしやと思いながら急いで部屋に向かうと、

「なんでもっと早く来てくれないのよ、こっちのナースコールもこっちのナースコールも押

したのに。もう痛くて辛いのだから、早くお薬ちょうだい」

激痛により焦っている様子が表情と言動からうかがえる。黒いほうも押してしまったらしい。

翌日、予感は現実のものとなり、その日のうちに状態が急激に変化し亡くなられた。それからというもの、患者さんから黒いナースコールの話を聞くようになった。

病気の性質上、意識状態が悪くなり身体の痛みも伴うため、切羽詰まってナースコールを押されることが多い。そして、早く来てほしい、お薬が欲しいという気持ちに押され、存在しない黒いナースコールも押してしまう。

患者さんから黒いナースコールの話を聞くと、「この患者さん、そろそろなんだな」と、不謹慎ながらもそう思うようになった。

これが、もう十年も前の話である。そして最近、別の看護師から黒いカーテンを見たという患者さんの話を聞いた。その患者さんはそれからすぐに亡くなってしまったという。

こわい浜松町

「こわい話？　ゆうれいがでたみたいな？　特にないけど強いていうなら飛び降り自殺が多い時期があったねえ。バブルが弾けたあたり。ちょっと前は景気が良かったのに、すべてがいきなり大暴落しちゃったから。でももう三十年以上も前か。時が経つのは早いねえ。あの頃からいまも続いてるんじゃないの？　なにがって、自殺ブームだよ。前に比べりゃ減ったけど、いまでもあちこちで飛び降りてるし」

「こわい話ですか？　なんかあったかなあ。ずいぶん前に知人がなにか変なことといってたな。そのひとモノレールの近所で警備の仕事していたんだけど、夜に黒い影が歩きまわるとかなんとか。夢でもみたんだろっていってたんだけど。影、上から降ってくるみたいなこといってたな。まっすぐ降ってきて、道についた瞬間、歩きだすとか。なんかの見間違いだと思うけど。やっぱ夜のオフィス街は不気味だから」

「こわい話？　うーん、以前仕事でつきあいがあった会社がそこのビルに入ってるんだけど、夜中になると階段をゆっくりあがっていく人影があるっていってたな」

「ええ！　こわい話とかムリムリ！　だって絶対オバケっているでしょ！　私この店でずっと働いてるんだけど一度ここで飲み会したあと、そのまま寝ちゃって！　夜中起きて、のど渇いたからコンビニ向かって歩いてたら、向こうからくるオバケみちゃって！　え？　どんなオバケかって？　まっくろのひとよ。服もなにもきてない感じの！　ああ、思いだしたらこわくなってきた。もうやめよう、こんな話」

「ビルからビルに移動する黒い神さまの話を聞いたことあるよ。勝手にビルに入っていって、屋上まであがるの。それで消えちゃうんだって。気がついたら道を歩いていて、また別のビルに入るの。浜松町が大好きなんだろうね、ふふ」

「ゆうれいの話はわからないけど、自殺は毎年増えていると思いますよ、この街。どうしてなんでしょうね。死神みたいなのが歩きまわって、探しているんですかね。次に死ぬひとを」

オフィスビル

田町
たまち
Tamachi

Yさんという女性は、派遣で田町のオフィスビルに勤務することになった。

慣れない業務にはじめは苦労したが、徐々に仕事を覚え一か月も経つと、余裕を持って対応できるようになった。仕事に慣れはじめた頃、上司と二人で残業することになった。デスクワークが基本だったが、上司は打ち合わせでしばらく席を外れることになった。それまでそういったことはなかったのだが、初めてオフィスに一人になったことに気づく。

「業務が終わったら、先に帰っていいから」

と上司には言われていた。早く業務を終わらせようと一人で黙々と作業をする。しばらくすると、自分の背後に誰かが立っているような感覚がした。すぐに振り向き、部屋全体を見渡すが誰もいない。上司が帰ってきたのかもしれない、とオフィスを歩いて周りを見てみたが、やはり誰もいない。（気のせいか……）とデスクに戻って作業を続けると、今度は明らかな視線を感じた。異様な雰囲気に耐え切れず、業務をある程度終わらせ、オフィスを出ることにした。急いで部屋を出ようと扉を開けた廊下のその先にスーツを着た男性が立っていた。

（誰も居ないはずなのに……）

男性はうつむいており顔がよく見えなかった。しかし、オフィスでは見たこともない男性であることはわかった。あまりの恐怖に声が出なかったが、一目散にその場をあとにした。

翌日、上司に作業の進捗状況を報告するついでに、昨日の出来事を話した。馬鹿にされるだろうと考えていたが、その上司はその話を聞いて、

「あぁ……Yさんはまだ知らなかったもんね。じつはこのオフィス、自殺した人がいるんだよ。あ、でもいまの会社の人じゃないよ。前の会社の人らしい」

上司曰く、このオフィスでは自殺した人がいた。その影響かテナント貸出の料金が安く、事故物件ということは承知でこのオフィスを借りているとのことだった。

Yさんは派遣契約の更新はしなかった。数年後、仕事の関係で田町に行く機会があり、派遣で通っていたオフィスビルに立ち寄ってみた。まだあの会社はあるかと思い、ビル前で様子を見たのだが、そこにはすでに違う会社が入っていた。

穴がある

もの知り顔の霊能者と呼ばれるひとたち、何人も会ったことがあります。

正直、うさんくさい方々が多いですね。それでも、ああ、もしかしたらこのひと本物かもなって思う方に会ったことがあります。なんというか、筋が通っているというか。説明が強引じゃないというか。とにかく調べるんですね、いろいろと。

たとえば、ある地域で変に事件が多いとか、そういったことがあるとするでしょ。すると、その地域のむかしの地図を引っぱりだしてきて過去の地形を調べる。そのあと時代の政治を調べたりして印象に残るものはないかチェックする。それから今昔の周囲の神社仏閣を調べて印を打って、もしかしてこれが「霊道」ではないかと予想するんです。そう、決めつけるんじゃなくて予想。あくまで予想なんです。

そうやって作成した「霊道」と呼ばれる道筋、そのライン上では事件事故が多く起こり、怪談もどんどん生まれていくっていうんです。どうですか。面白いでしょ。

そのひとに尋ねたことがあるんです。予想もできないところってあるんですか?

そしたらこう答えたんです。たくさんあるけど、三次元はわからないって。いきなり次元とかいわれて驚きましたが、漫画みたいな意味あいの次元ってことではなかったんです。ややこしいので説明は省きますが、要するに空中のことなんです。地図って紙でしょ。ネットみたいな電子媒体で見ても平たい２Ｄで記されてる。たとえ３Ｄって書かれても建物の立体を表現しているだけで、本当の３Ｄじゃない。そりゃそうでしょう、地図なんて地面の説明なんだから。現在はあるけど、むかしはないもののひとつに高い建造物がある。そのなかでもかなりの高さのある建造物は、比べるものがないから調べようがないって仰《おっしゃ》ってました。つまり、空中に「霊道」があるかどうかはわからない、予想もできないってことです。

勘でもいいので、空中に「霊道」はあると思いますか？　そう尋ねました。するとと「たぶん、ないと思う。でも人間がまだ予想すらできていない、不気味な穴のようなものが空中にあるように思えるときがある」と仰ってました。近づくだけで正気を保てなくなるような未知の「穴」。それが高い建物と重なったとき、死が止まらなくなるんじゃないか――とのことです。高輪ゲートウェイにある事故物件だらけの建物、あなたの住んでいるマンションで思いだすのは、この「穴」の話ですね。

目撃

当時大学生だったCさんは高輪ゲートウェイ駅周辺に住んでいた。

学校も終わり、自宅へ帰るとマンションのベランダから外を眺めていた。

マンションの前には駐車場があり、そこに見通しの悪い十字路があった。

そのため事故も多かった。

モーター音とともに、右の脇道を一台のバイクが走ってくる。

正面の道路からは軽自動車が走ってきていた。

このままでは衝突してしまうと思った矢先、十字路で衝突し鈍い音とともにバイクの運転手が十メートルほど吹き飛ばされた。

軽自動車から慌てて男が降りてきたかと思うと、倒れている人のもとに向かった。

飛ばされた運転手は、ヘルメットを被ったまま身動きひとつしない。

誰かが通報したのかすぐに救急車がやってくると担架に乗せられ病院へ連れていかれた。

翌日、妙な夢を見た。

Cさんはベランダから外を眺めている。あの交差点が見えた。

先日目撃してしまった事故現場。

そこに飛ばされたバイクの運転手がヘルメットを脇に抱えこちらを見上げている。

彫りの深い金髪の女性、それは明らかに日本人ではなかった。

気がつくとベッドの上で目が覚め、夢だとわかる。

翌日も同じ夢を見た。その翌日も、同じ夢を見た。

そして夢の内容が徐々に変わってきていること気がついた。

少しずつ、少しずつ、女性の身体が大きくなっている。

そんなことが続いていたある日のお昼だった。

母親がベランダからCさんを呼びつけた。

「あの人、知ってる?」

母が指さしていたのはマンションの一階部分。そこにあの金髪の女性が立っており、こちらを見上げていた。

身体が大きくなっていたわけではなかった。少しずつ、こちらへ近づいてきていた。

Cさんは母に事の経緯を話し、事故現場に行くと手を合わせた。

その後、女性の姿を見ることはなくなった。

ぴーぴーかんかん

関西に住んでいるAさんの体験談だ。

当時、彼は電車で東京一帯を旅していた。予定も行く先も決めていない失恋旅行だ。

ひとまず関西でも名前を聞いたことがある有名な駅へと向かう。

東京、上野、新宿などの駅をゆっくりと巡るのは映画のように心地よい刺激だった。

その日は京浜東北線の品川駅で降りた。

重い荷物は邪魔になるので預ける場所を探す。

駅内にコインロッカーの設置場所は複数あるのだが、空いていたのは大型荷物用のロッカーひとつだけだった。少し割高になるが仕方がない、と諦めて彼は扉を開けた。

突然、軽快な音が聞こえだした。

ぴーぴーかんかん
Aさんは驚きながらもロッカー内を覗きこんだ。

そこには、さるの玩具が置いてある。

品川
しながわ
Shinagawa

咥えた笛をぴーぴーと鳴らしながら、太鼓をかんかんと叩いていた。

Aさんは誰かの悪戯だと思いウンザリとしたのだが、すぐに妙なことに気がついた。

さるの後ろにある空間が奥が見えないほどに長く暗い。

終わりのない地下通路のようだ。

彼は、手の込んだ悪戯だとは思った。インターネットの動画で見知らぬ人に悪戯を仕かける動画がある。Aさんは自分が撮影をされているのだと思った。荷物を入れずに扉を閉めると振り返って撮影者を探した。しかし、それらしき人物は見当たらない。

そのとき、頭上から女の声がした。

「……なら、やめときなさいよ」

冷たく、問い詰めるような口調だ。

思わず声のした方向を振り返ったが声の主らしき女性の姿はない。

なにかがおかしい、と彼は戸惑いながらロッカーを見つめた。

確かめるために、Aさんはロッカーの扉をわずかに開けると隙間から中を覗いてみた。

目の前に――さるの顔があった。

ゆっくりと顔を傾けながら彼のことをじっと見ている。

Aさんは、慌ててその場から逃げ出したという。

煙

品川
しながわ
Shinagawa

四十歳代の男性、Yさんが中学生の頃に品川の実家で体験した話である。

Yさんは母方の叔母さんの三歳になる子ども（いとこ）、K君とよく遊ぶことがあった。

叔母さんの仕事が忙しく、Yさん家族がK君の面倒を見ることが多かったのだ。

その日もK君と家で一緒に過ごしていると、K君はなにやら一人で話しはじめた。

「はい、どうぞ！　これはね、くるまだよ」

一人遊びをしているのだが、誰かと話している様子であった。Yさんはそれを遠目で見守っていた。しばらくすると、叔母さんがやってきた。一人遊びをしているK君に向かって、

「ちょっと！　また何やってるの？　変なことしないでって言ってるでしょ!!」

急に声を荒げた。K君はきょとんとした顔で叔母さんの顔を見ている。しばらくして、また誰もいない方向を向いて話しかけた。

「K！　やめなさい!!　やめなさいって言ってるでしょ!!」

叔母さんとK君の様子を見てどうしようかと考えあぐねていると、叔母さんの体から黒

い煙のようなものが出てきているのが見えた。Yさんはその煙を唖然として見ていると、その黒い煙はどんどんとK君のほうへと動きだした。その煙がK君を覆ったかと思うと、

「あたま、いたいーーー」

と言って、K君は大声で泣き出した。その様子を見て叔母さんは、

「またそんなこと言って！　いつもいつも、もういい加減にしてよ‼」

と苛々をあらわにする。これはいよいよ大変だとYさんは二人の間に入った。

「ちょっと叔母さん、そこまで言わなくても……たぶん頭が痛いのも本当だよ」

なんとか二人の間を取り持つためにと入ったが、叔母さんはYさんを睨みつけ、

「あんたに何がわかるのよ。この子の何がわかるのよ」

と今度はYさんを怒鳴りだした。横で泣きじゃくるK君を見ると、黒い煙が今度は自分のほうに向かってくるのが見えた。その間も叔母さんは何か自分に怒鳴っている。煙が自分に覆い被さる感覚がすると、頭が割れるように痛くなった。すると、自分の背後から、低い男の声で、

「……な?」

と声がした。K君でも叔母さんでもない低い声に驚いて振り向くが誰もいなかった。しばらくすると、叔母さんはその場を去った。すると、頭の痛みも消えたという。

知りませんか

Sさんは四十代後半の会社員男性。

一年前の夏、会社帰りに繁華街を避けながら大井町駅に向かう途中で若くて綺麗な女性に話しかけられた。

信号待ちをしているところに突然、

「〇〇株式会社はご存じですか」

と横から。

見ると二十代前半くらいだろうか。長い黒髪と対照的な抜けるほど白い肌、シャープながらも大きな眼。吸い込まれそうな真っ黒い瞳の美しい女性が立っていた。真夏だというのに上下ともに黒い服を纏っており、まるで喪服のような印象を抱いた。

その頃だいぶ新型コロナウイルス対策による規制が緩和されてきていた。とはいえ他人に話しかけるのにその女性がマスクをしていないことに対し、少しばかり不快な気分になった。しかし、彼女の容姿があまりに綺麗なので思わず少しの間、見惚《みと》れてしまったが、それと同時にこれは何かの勧誘に違いないと確信した。

「いえ、知りませんが」

Sさんは冷たく対応しその場を去ろうとした。

すると女性は、

「〇〇ビルはご存じですか。このあたりのはずなんですが」

と食い下がってくる。

彼女から追加の質問があったことで、「あ、この人は道に迷っているんだ」とわかった。勧誘だと決めつけ困っている人に冷たくしてしまったことに罪悪感を覚えた。

「いやまったく聞いたことがありませんね。インターネットで調べても出てきませんか」

というような会話をした。女性に代わって鞄の中にあるスマートフォンを取り出して調べてあげようかと思ったが、見ると彼女も片手に握っていた。

自分よりも若い女性に対して代わりに調べてあげようだなんてそれも失礼か。

力になれなかったことを謝罪して今度こそ、その場を離れようとした。

「森×××さんはご存じですか？　そこで働いていると思うのですが……」

女性は諦めきれないのかしつこく訊いてくる。

Sさんは、これはやばい人ではないかと疑った。もちろん「森×××」という人物のことは知らない。

突然個人情報を出してきたり、彼女がいう会社もビルも知らない、聞いたことがないと答えているのにもかかわらず、しつこく食い下がって質問してくるのもなんだか怖い。

「知らないですね」

Sさんはできるだけそっけなく言って横断歩道を渡りはじめた。

すると、背中から少し怒気を孕《はら》んだ声で、

「知っていますよね。嘘をつかないでください。知っていますよね。隠しているのはわかっているんですよ、ねえSさん！」

そう言ってSさんの名前を呼んだそうだ。

もしかしたら聞き間違えだったかもしれないが、自身の名前が呼ばれたことにひどく驚き思わず振り返った。しかし、女性は急ぎ走り去ったのかすでにいなくなっており、すぐ後ろを歩いていた人が怪訝そうな顔でこちらを見ていた。

いまの女性はどこに行ったのかと尋ねたかったが自分まで変な人に思われてしまうと思い、ぐっと堪《こら》えてそのまま帰路についたそうだ。

このときのSさんの格好は鍔《つば》つきの帽子に太い縁《ふち》の眼鏡とマスク。表情すらわかりづらく怪しさは満点だった。とても話しかけやすい雰囲気とは言えない。道を尋ねるにしてもどうして自分だったのだろうか。なぜ名乗ってもいないのに自分の名前を知っていたのか、それが不思議であると同時にひどく気持ちが悪いと言っていた。

帰宅後、女性の言っていた会社名で地域を絞って検索すると、たしかに存在したそうだ。また、「森×××」の名前で検索したところ、それらしい同姓同名の男性が複数人ヒットした。うち一名は、関係があるのかはわからないが八年ほど前に起きた強姦殺人事件の加害者でますます気味が悪くなったそうだ。

B棟の幽霊

蒲田駅と大森駅間には、とある専門学校がある。

専門は二つのコースに分かれており、それぞれコースごとにA棟、B棟と分かれていた。二つの棟は大通りを挟んで三百メートルほど離れている。

Mさんという女性は、この学校のA棟に通っていた。コースの違うB棟は馴染みがなかったが、コンビニがB棟にあるため、この棟にもよく足を延ばしていた。そんなB棟には幽霊が出るという噂がある。たとえば、コンビニ前にある自動販売機の横に子どもが体育座りをしている、廊下で黒い影が動いている、などである。Mさんもこの噂を耳にしていたが、古い学校ということもあって、そういった話は絶えないだろうと特に気にすることはなかった。

ある日、夕方の授業が終わり友人と雑談をしていた。そろそろ帰ろうと身支度をしていると、話をしていた友人が、

「Mちゃん、ごめん。ちょっと部室に寄りたいんだけど、一緒について来てくれる?」

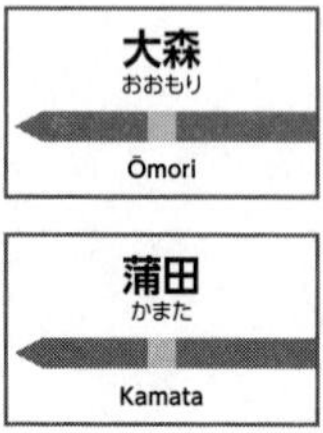

と頼み込んできた。友人は軽音部に入っており、楽器を借りるためにB棟にある部室に寄りたいということであった。ほかに用事もなかったので、友人に付き添うことにした。部室はB棟の三階にある。階段を上ってすぐの廊下に軽音部の部室があり、その横にはベンチが置いてある。Mさんはそのベンチに座って、友人の用事が終わるのを待つことにした。

B棟はA棟に比べて建物が古い。もともと白かったであろう壁は薄汚れてところどころ灰色になっている。蛍光灯の薄暗い光が廊下を照らしている。

(気持ち悪いな、早く終わらないかな……)

建物の古さのせいか、Mさんはだんだん心細くなってきた。不安な気持ちのまま友人を廊下で待っていると、上の階から突っかけのサンダルを履いた人が階段を下りてくる足音が聞こえてきた。甲高《かんだか》い足音が近づいてくる。

(ああ、誰か下りてくるんだな……)

足音は四階の踊り場から三階へと向かっている。Mさんはなんとなく階段に目を向けていた。一歩、また一歩と階段をゆっくりと下りる足音が歩幅を縮め三階の廊下に入ってきた。しかし、人影は見当たらない。足音だけが廊下を歩いてくる。

Mさんはギョッとして身を硬直させた。

（え？　たしかに人が下りてきたと思ったんだけど……聞き間違い？）

気がつくとすでに足音は聞こえなくなっていた。勘違いであったと思うことにして、そのまま友人を待った。動揺を落ち着かせようと携帯電話を見ていると、また上の階からサンダルを履いた人の足音が聞こえてくる。嫌な予感がしたが、今度こそは人が下りてくるだろうと、階段のほうに身体を向けしっかりとその様子を観察した。

パタン、パタン――

階段を下りる音はたしかにゆっくりと近づいてきているのが聞こえている。四階と三階の踊り場を通り、三階に向かって来ている。（この足音はやっぱり人だよな）そう思いつつ、足音に注意しつつ階段のほうを凝視した。足音は歩幅を縮めるように速くなり三階にやってきた。しかし、やはり人はいないのである。

足音が廊下に入ってくると同時に音が消えて、鳥肌が立った。恐怖心ですぐに友人のいる部室へ入ろうとした。すると、ちょうど友人が用事を済ませて部屋から出てくるところだった。その場に居たくなかったMさんは、

「すぐに外に出よう」

と告げ、一目散にB棟をあとにした。棟からある程度離れてから、すぐ友人に、

「ちょっと、聞いて！　待っている間にさ、なんか階段を下りる人の足音がしたんだけど、

誰も来ないんだよ！　それが何回もあって気持ち悪かったんだけど‼」

　すると友人は、

「え⁉　本当？　あーやっぱりでるんだ……」

と言った。どういうことかと詳しく聞いてみると、この軽音部の部室自体に幽霊の目撃談が多くあるというのだ。部室では演奏も行なうため、部室の出入り口は分厚い重い扉があり二重扉となっている。その重い扉がひとりでに開くことがあるという。扉付近には、部員の私物や楽器が置いてあるのだが、物の位置が勝手に変わっていることも頻繁にある。さらに霊感のある先輩曰く、よく扉付近に見知らぬ人が呆然と立っていることがあるというのだ。扉はちょうど階段の目の前にある。Ｍさんはこの話を聞いて、自分が聞いたあの足音は、部室に居座る幽霊の類と関係しているのではないかと考えた。この日以来、一人で部室付近には近寄らなくなった。


　軽音部のとある先輩はこんな体験をしたという。

　その日、軽音部の部室で友人たちと打ち上げをしていた。学校の試験期間を終えたということで、酒盛りをして大いに盛り上がっていた。終電で帰る人もいれば、そのまま深夜帯まで飲み続ける人もいた。気づけば、四人の学生が部室に残りお酒を飲んでいた。深夜に入り、話す話題も尽きてくると、肝試しでもしようかと、どこからともなく話が出て盛り上がった。

この部室があるB棟には解剖室がある。B棟自体、幽霊の目撃情報があるなかで解剖室にでも行ったらきっと幽霊が出るに違いない、という話になったのだ。そのままの勢いで四人揃って解剖室に向かった。入口は二重扉になっていて、深夜帯は手前のひとつ目の扉は開くが、奥にある二つ目の扉は開かないようになっている。二つの扉の間には大人四人が入れるほどの空間があったので、そこから部屋の様子を覗いてみた。

「なんか見えるか？」

「うーん。なんもねぇな……」

しばらく解剖室の中の様子を窺っていたが、特に何も起こらなかったので戻ることにした。扉を出ると、仲間うちの一人が、

「……おん。おぉおおおお」

「え？　なに？　どうした？」

「○&＄×……!!」

「は？　よくわからないんだけど」

仲間うちの一人の男の会話が成り立たず、受け答えが怪しくなったかと思うと、彼はそ

のまま廊下に倒れこんでしまった。気を失った様子で、どんなに声をかけても起きない。呼吸はあるが、何度揺さぶっても起きる気配がない。緊張が走り、ほかに人を呼ぼうとした瞬間、彼は目を覚ました。すぐさまいまあったことを説明すると、彼はまず解剖室に行った記憶がないと言った。

平日の家族連れ

蒲田
かまた
Kamata

Hさんという女性は、子どもをベビーカーに乗せて遊びに出かけた。

彼女の住む蒲田には某商業施設がある。そこには子どもが遊べるように遊具が置かれていて、テラスには机と椅子が用意されており外の風を浴びながら休憩を取ることができる。Hさんは子どもを遊ばせるため、その商業施設に行くことにした。

春先でまだ肌寒いが、日中の散歩は気持ちがよかった。近くの店でお弁当を買い、このテラス席で昼食をとることにした。その日は平日ということもあってか、屋上には人はまばらで、そこまで混雑していなかった。遊具で遊ぶ子どもたちと、その様子を見守る母親たちの姿があった。

Hさんはテラス席にベビーカーを寄せ子どもとお弁当を食べながら、ぼーっと周りの風景を見ていた。すると、広場の奥から父親と母親、子どもの三人家族が楽しそうにこちらへ歩いてくる。(平日に夫婦揃って子どもと来ているなんて珍しいな) と思いながら、その親子の様子を眺めていた。

しばらくそちらに気を取られていると、自分の子どもがぐずり出した。すぐに子どもを抱き上げあやしていたのだが、先ほどの親子がなぜか気になり、すぐにその姿を探す。

しかし、こちらに歩いてきていた家族の姿が忽然と消えている。

不思議に思い、子どもを抱えながら周りを見渡す。遊具で遊ぶ子どもや、その様子を見守る母親たちはいるのだが、あの親子だけはどこにも見当たらない。

ただの見間違いだったのかもしれないが、そこで不思議な体験をしたのは、この一度きりだったという。

ゲームセンター

蒲田　かまた　Kamata

蒲田にあるゲームセンターで、Aさんはアルバイトをしていた。
四階建てのビルに入っており、一階と二階がゲームセンターの店舗で、三階はスタッフの控室や倉庫として使用されていた。最上階の四階は開店前から改装しておらず和室などがあるらしい。このような使っていないフロアがあっても、階段が内部にしかない構造のため、このビルごと一棟借りしていた。

働きだしてすぐにAさんは二階のメダルコーナー担当になった。当時バイトを転々としていた彼にとっては、らせん階段を上がってくるお客様におしぼりを渡すだけの簡単な仕事だった。

平日の昼間はお客さんも少なく、一人目のお客さんが二階へ上がってきたのは開店から一時間ほど経過した頃だった。

「いらっしゃいませ」と、たどたどしく声をかけながらおしぼりを渡そうとするも、聞こえていないのか、そのままトイレのほうに向かって歩いていってしまった。不愛想な反応に面食らったが、これも仕事だと切り替え戻ってきたらおしぼりを渡そうと準備していた。

しかし、いつまで経っても戻ってこない。その先は袋小路になっており、ほかに出口はない。しびれを切らして見に行くと誰の姿もなかった。

その後もいろいろなことが起きた。アーケードゲームの電源が急に落ちたり、UFOキャッチャーが勝手に作動し、明らかにボタンを押す音が聞こえるのだが、誰の姿も見えない。ほかにも灰皿が飛ぶなど、異常な現象が多発していた。

「うちはさ、建物が古いから開店当時からこんなことがよくあるんだよ。だから今度テレビも取材に来るんだよ」

「え、テレビですか?」

「霊媒師も来るみたいだから謎が解けるかも。楽しみだな~」

店長はいまにも小躍りしそうな雰囲気を漂わせたまま一階へ降りていった。

取材当日、Aさんはシフトでは休みになっていた。しかし、気になって仕方がない、謎は解明したのだろうか。後日出勤した際、店長にきり出した。

「どうでした?」

「いやそれがさ、来てくれた霊媒師の若い女の子が収録間際になって『ここは私には無理です。師匠に連絡します』なんて言い出して帰っちゃったんだよ。結局取材は中止でまた後日になっちゃった」

落胆しているのかと思いきや店長は嬉しそうに話していた。

新たな取材日はAさんの出勤と被り、遠目ながらも現場を見ることができた。

前回とは別な霊能力者の中年女性とタレントらしき男性が二名やってきて、一階と二階を行き来しながらああでもない、こうでもないと盛り上がっている。

霊視の結果はこうだった。

一階にある倉庫の下に井戸が埋まっており、そこが現象の原因らしい。

それに加えこの建物自体が複雑な構造になっているため、霊が一度迷い込んだら簡単には出てこられなくなってしまう。だから怪異現象が多発している。

極めつけはビル最上階の四階に、恐ろしい女学生の霊が住み着いておりその霊が集まっているすべての霊を仕切っている。あまりにも恐ろしい存在のため、三階から四階へ続く階段におじさんの霊が立ちはだかり、上は危ないからと通せんぼうをしている。

このゲームセンター内で起きている現象を抑《おさ》えるためには、まず三階と四階を掃除して、一か月間毎日お茶とお水を四階の和室に供えなさいとのことだった。Aさんはもちろん、店長も半信半疑ではあったが、数々の現象を目の当たりにしている以上、信じるしかなかった。

数日後、スタッフ総出で掃除をはじめた。

四階は部屋がそのまま手つかずのため普段は使用していなかった。リビングと台所、お風呂場、トイレ、そして一番奥にあの霊能力者が言っていた和室があった。

実際に上がってみると、なんとも言えない空気が四階には流れていた。気は進まないがやるしかない。足を踏み入れると昼間だというのに薄暗く、窓の光だけではほとんど見えない。

スタッフの一人が電気をつけようと壁にあるボタンを押すが、しばらく使用していなかったこともあり、照明はつかなかった。ブレーカーはあがっていたが、何度か試すも反応はない。四階はどの部屋の電気もつかない状態であったため、諦めて掃除を開始した。

恐ろしい女学生の霊がいると言われた和室は特に念入りに掃除をした。

「ここ、誰かが住んでいた時代があったのかな……」

スタッフの一人がぽつりとつぶやくも誰も反応はしなかった。

掃除終了後、全員が和室に集まったときだった。目の前にほかのスタッフの顔がたくさん現れた。一瞬何事かと焦ったが、電気がついて皆の顔が急に照らされただけだった。ただ、誰も触っていないにもかかわらず、和室にだけ照明がついたのである。。

「ここ蛍光灯だよね」誰かがつぶやいた。

まるで調光されている電光のようにゆっくりとついた蛍光灯を見て「ありがとう」と言われているようで、なぜだか嬉しかった。

「電気、ついたね」

みな同じような感覚なのだろうか、全員が笑顔だった。

その後、水やお茶を供えるよう言われていたが、面倒だったのか誰もやらなくなってしまった。そのうち客足も途絶え、ゲームセンターは閉店したという。

深夜の訪問者

全国数ある駅の中でも川崎駅の人身事故率はトップクラスだった。

市民からの強い要望もあり対策が急務であるとして近年ホームドアが設置されてから、事故件数は大きく減った。

Fさんは川崎駅からさほど離れていない独身者用のアパートに住んでいる。

引っ越したのは六年前。川崎は神奈川県の中でも中心的な存在で第二の横浜といわれている。そんな人気のエリアで運よく格安でアパートを借りることができた。壁は薄いが風呂とトイレはセパレート、必要な家具もついており不満はなかった。

引っ越してからしばらく経った頃。その日、Fさんは人身事故による電車の大幅な遅延に巻き込まれた。迂回するため勤め先から家まで何時間も余計にかかる。

乗り継ぎを重ねてようやく家に着いた頃にはすっかり疲れ果てていた。

その夜は夕食を軽く済ませ早めに布団に入ることにした。

意識が半分夢の中に入っていると、こんこんと玄関ドアを叩く音がする。

重たい瞼《まぶた》を上げて枕元に置いた携帯電話の画面を見ると深夜十二時だった。

こんな夜中に誰だろう。起き上がり気配を消しながらそっとドアスコープを覗く。

ぎゃあ、と思わず短い悲鳴をあげて床に倒れた。

そこには首が横に九十度折れ曲がった女が立っていた。

「ながに入っれもいいれすかああ」

ドア越しに喉が潰れてしゃがれた女の声がする。絶対に生きている人ではない。

返事をしたら女は入ってくる気がする。Fさんは息を殺し震えていた。

女はしばらくの間、同じ言葉を繰り返していたが、いつの間にか声はしなくなり姿も消えていた。

Fさんは、女の霊に覚えはなかった。

もしかしたら昼間の人身事故が原因で駅から憑いてきてしまったのかと考えた。


それから半年も経たないうちに、またも人身事故が起きた。

夜、布団に入っても前回のことを思い出してなかなか寝つけずにいた。

時計の針が十二時を回った。こんこんと玄関ドアをノックする音がした。

——来た。

だが今度は正体を確認する勇気もなく布団の中で息を殺し、じっと震えていた。

ノックの音は前回よりも力強くしつこいぐらいに続いている。

すると、ガチャッ、と勢いよくドアが開く音がした。

え、とFさんが驚き固まっていると共用廊下から野太い男の悲鳴が聞こえてきた。

どうやら鳴りやまないノック音を不快に思った隣の住人が自分の玄関ドアを開けたようだ。非常識な訪問者に対して一言文句を言おうと思ったらしい。

そこにいたのは頭が半分潰れ、肉片と血にまみれたスーツ姿の中年男性だった。

隣人が腰を抜かしていると男は彼の横を通り、すーっと部屋の中に入っていった。

事情を聞いたFさんは隣人に泣きつかれて一緒に部屋の中を確認してみたが、男の姿はなかった。

その夜以降、隣人の姿を見ることはなくいつの間にか引っ越したようで空き部屋になっていた。

Fさんは怖くなり千葉県にある、そちらの方面で有名な寺へとお祓いに行った。

事情を話し視てもらう。Fさんの住むアパートは駅と霊道で繋がっているらしい。

だが自らドアを開いて霊を招き入れさえしなければとり憑かれる心配はないだろう、とのことだった。

その後も人身事故があるたびに決まって夜中の十二時、訪問者が来るそうだ。

現在の川崎駅はホームドアや見回りなどの対策が功を奏し人身事故もほとんどない。

それに伴い真夜中の訪問者も減ったが怖いものは怖い。

それでも安い賃料のためにいまも我慢して住んでいるという。

指さし坊や

Oさんは二十代の頃、川崎市内の会社で働いていた。

毎朝、出勤のためにバス停へと向かうのだがその途中に大きな交差点があった。

あるとき、交差点にある横断歩道にはいつも同じ男の子が立っていることに気がついた。

信号が青になっても横断歩道を渡ることなくじっと交差点を見つめている。

小学校低学年のようだがランドセルも名札も持っていない。

友だちと遊んでいるのだろうとOさんは思った。


いつものようにOさんが交差点に着くと信号が赤だった。

そばではあの男の子が交差点を見つめながら立っている。

気にすることなくOさんが信号待ちをしているとふいに男の子が右手を上げた。

無表情のまま人差し指でまっすぐに交差点を指さしている。

（この子、突然どうしたんだ……）

不思議に思いながらOさんは男の子を眺めていた。
次の瞬間、交差点の中央で二台の車が衝突したのだ。
驚いて交差点に目をやると衝突した車から運転手が降りてきた。
幸いにも大きな怪我はないように見える。
Oさんは安堵のため息をつくと何気なく男の子に視線を戻した。
すると、男の子はゆっくりとその場から立ち去っていったのだ。
この日から、Oさんは交差点で何度も事故を見かけるようになった。
軽い接触事故ばかりだったが、そのときには必ず男の子が交差点を指さしていた。

ある繁忙期のことだ。
Oさんが交差点に着くといつものように男の子がいる。
彼は、何も起きないでほしいと思いながら男の子を見ていた。
しかし、男の子はゆっくりと交差点を指さした。
そして、にやりと満面の笑みを浮かべたのだ。
いままで見たことのない姿にOさんはぞわりと寒気を感じた。
直後に、交差点からどおんという衝撃音が響く。

大型トラックが凄まじい勢いでワゴン車に衝突したのだ。

後続車がワゴン車を避けきれずにぶつかると破片を散らしながら横転する。

いままでに見たこともない玉突き事故だった。

呆気にとられていたOさんが我に返ると男の子の姿はすでに消えていた。


その日のニュースで知ったのだが、ワゴン車の運転手は死亡していた。

(やっぱり、あの男の子は事故に関係があるのか……?)

偶然とは思えずOさんは不安になった。

思い切って会社の先輩に男の子の話をしてみる。

ただの偶然だろうと言われることで安心したかったのかもしれない。

話を聞いた先輩はこんなことを言ってきた。

「それって、指さし坊やだろ? あのへんに住んでいた友人から聞いたことがあるんだよ。男の子が指をさすと事故が起こる交差点があるってね。まさか本当にいたんだな」

Oさんは自分の見てきたものと一致していることに驚いた。

先輩の友人から詳しい話を聞きたかったのだがいまは疎遠になり連絡が取れないという。

それからも、Oさんは交差点の事故を何度も目撃した。

このとき、男の子が満面の笑みを浮かべるとかならず死亡事故が起きたのだという。

「数年後、転職をきっかけに僕は街を離れました。あの男の子については何もわかりません。ただ、ひとつ気づいたことがあるんです。男の子は成長していました。僕が街を離れる頃には背丈が年相応に伸びていたのです。男の子は生きている人間でした。むしろこの世のものでないほうが納得できたのですけれどもね」

Oさんは冗談めかすように満面の笑みを浮かべていた。

開かずの踏切

Ｋさんが小学生のときに近所の大人からある噂を聞いた。

それは鶴見駅の「某寺の前の踏切には幽霊が出る」というものだった。出るのは決まって夕方で踏切を待っていると背後から男の子が現れる。幼稚園の制服姿で背丈は遮断機ほどのその子は踏切の中へと駆けていく。すると、そこに電車が通過するのだが轢《ひ》かれたような痕跡は残っていない。そんな狐につままれたような噂である。

この話を聞いたＫさんは怖がって踏切に近づくことがなくなった。

しかし、このこと自体が大人たちの思惑だった。

この踏切は七本の線路をまたぐ「開かずの踏切」として有名で子どもには危険な場所だった。近づかせないように噂を流したのであろう。おかげでＫさんは事故に遭うことがなく男の子に会うこともなかった。しかし、小学五年生のときにこんなものを見た。

鶴見
つるみ
Tsurumi

家族で車に乗りレストランへ向かうときのこと。

例の踏切で待っていると、Kさんは突然音が聞こえなくなった。運転席を見ると両親は会話をしているのだが、その声がまったく聞こえない。外で鳴っているはずの踏切の警報音やカーラジオなどすべての音が聞こえなくなっていた。耳がおかしくなってしまったのだろうかと不安になっていると、突然後ろから女の叫び声がした。驚いて振り返ると、窓ガラスの向こうから女が走ってくる。髪を振り乱しながら大きな口を開けたその女は車の横をすり抜け、ハードルを飛び越えるように線路に入っていった。その直後に電車が通り過ぎたのでKさんは思わず顔を伏せた。痛ましい光景が脳裏に浮かんでしまう。声も出せずにいると不意に音が戻った。

ゆっくりと顔を上げる。両親の会話が聞こえるのだが、あの女の話題ではない。車が動きはじめたのでKさんは恐る恐る窓の外を覗いてみたのだが、そこには線路が七本あるだけだった。

ライブハウス

Ｔさんは大学生の頃に仲間とバンド活動をしていた。

鶴見にある小さなライブハウスが主戦場だった。

演奏以外にも音楽のイベントも主催しており、それなりに客もついていた。

イベントを終えたある日のことだ。

Ｔさんは客席にいる女の子に目が止まった。近頃、このライブハウスでよく見かける綺麗な子だ。気になったので話しかけると、女の子は笑いながら応えてくれた。

彼女の名前はリエで、Ｔさんのバンドやイベントをよく見に来るのだという。

そして本人もバンド活動をしているらしい。

意気投合した二人はメッセージアプリの連絡先を交換すると、連絡を取るようになった。

しかし、三か月ほどが過ぎるとリエとの連絡がぱったりと途絶えた。

あれだけ来ていたライブハウスにも顔を見せない。

（リエちゃん、どうしたのかな……）

鶴見
つるみ
Tsurumi

多少は気になったのだが、こういった客は珍しくはない。

連絡をするだけの関係だったし、Tさんにはガールフレンドはほかにもいた。

しばらくして、いつものようにライブに出演したTさんは客席を見て驚いた。

フロアの隅に彼のことを見ている彼女がいたのだ。出番を終えたTさんはすぐに客席に降りて彼女の姿を探した。だが、その姿はどこにもいない。

いつ帰ったのだろうか？　とTさんは首を傾げた。

この日から同じことが何度も起こるようになる。

彼がライブに出演するとかならずリエがいるのだが声をかけようとすると見失う。

何度も同じことがあったので、見かけたら知らせてほしいと仲間たちに頼んだ。

しかし、仲間たちもリエを見つけて声をかけようとすると、姿を見失ってしまう。

「あの子、誰も捕まえられないよね」

彼女のことはライブハウスで噂となっていったのだ。

一年が過ぎたある日、Tさんがライブの準備をしていると仲間に声をかけられた。

「あの友だちが来ていたから待ってもらっているよ」

きっとリエのことだとTさんは思った。

すぐに客席へと向かうとそこには彼女の姿があった。

いつもより元気そうな姿に思わず笑みがこぼれる。

「リエちゃん、ひさしぶり。元気だった？」

Tさんが話しかけると彼女は戸惑いながらも応えた。

「……いいえ、あたしはリエの双子の姉です」

Tさんは驚きの声をあげた。どう見ても彼の知っているリエとそっくりだった。

すごい、似ているねという彼に姉を名乗る女性は冷たく言い放った。

「妹は、一年以上前に自殺しました」

Tさんは絶句した。リエと連絡が途絶えた時期に彼女は自ら命を絶ったらしい。

しかし、Tさんや彼の仲間はリエを何度も見かけている。

あれはお姉さんだったのか？　と疑問に思った彼はそれを尋ねた。

「いいえ、あたしは今日初めて来ました。ここが好きだと妹が言っていたので」

思いがけない言葉にTさんは混乱した。

一年の間、見ていたのはリエの姉ではなかったのだ。

そして、彼はあることが気になったので戸惑いながらも尋ねてみた。

「リエさんは、なぜ自殺されてしまったのですか？」

この問いかけに姉は悲しそうに言った。

「好きな人がいたのですけど、想いが届かないことを気に病んでしまって……」

そして、本人から聞いていたという相手の特徴を話しはじめた。

すべてTさんのことだった。彼の背筋に冷たいものが流れた。

（お姉さんは俺のせいでリエちゃんが死んだと思っているのか？　今日はこれを伝えに来たのか？　それとも、すべてただの偶然なのだろうか？）

真相はわからずじまいだった。


その後、リエの姉に会ってからTさんの右腕に不調が続いた。

怪我や病気を繰り返し、一時期はギターが弾けなくなったのだ。

何かの偶然だろうと思っていたのだが、リエのことを考えると不安がよぎる。

そこで彼は思い切って神社でお祓いを受けることにしたのだ。

お祓いの席で神主から「若い女性が憑いている」と言われてしまった。

このあと右腕の不調は嘘のように治まったという。

道連れなどない

新子安
しんこやす
Shin-Koyasu

「事故がおこったところで死霊が道連れをつくろうと、ひとを呼ぶって話。

あんなのは嘘っぱちだ。いまの若い子は知らないと思うが、むかし新子安の近くでひどい事故があったんだよ。とんでもない数のひとが亡くなった。そりゃもう、大騒ぎだったよ。連日のように記者たちがやってくるし、現場の状態も凄まじかった。

で、さっきの死霊の話にすると、もし道連れをつくろうっていうなら、とんでもない人数になるはずだ。なんせ事故では百人以上も亡くなったんだから。その人数ぶんの道連れなんか当然、とんでもない数になるはずだろう？　でもあの付近じゃ道連れどころか、接触事故すら滅多にない。わしは家が近くだからよく知ってる。

もしかしたら慰霊碑ができたおかげかもしれないが、わしはそんなもの信じないよ。だって本当に慰霊できてたなら、あんなとんでもない数の人魂《ひとだま》が浮く理由がないからな。当時は夜、みんなあの付近を避けて歩いていたよ。無念を抱いてただ浮遊し、あたり一面が明るくなるほどの人魂の群れ。あんた想像できるか？」

作業着の男

Kさんは都内の自動車部品の製造工場で働いていた。夜勤が主で職場までは電車で通勤をしている。東神奈川駅は、朝のピーク時は座れないほど混雑するが、幸い彼が利用するのは昼過ぎで混雑も落ち着いている。

時々、駅のホームで目につく五十代半ばぐらいの小柄な男性がいた。同業者だろうか。上下ともに青の作業着で、いつもどこか陰鬱な表情だ。

だが彼はホームにいるだけで一度も電車に乗ろうとはしなかった。

ある日の夜勤明け、朝六時を回った頃。乗っていた電車が駅のホームに着いた。Kさんは荷物を抱え扉の前に立って開くのを待った。

扉が開くと同時に目の前に人がいないのを確認して片足を前に踏み出した。

ところがその瞬間、男がドアの前にうつ伏せになって倒れていることに気づいた。

いつもホームに立っている青い作業着の彼だ。

「うわあ！」

危うく男の頭を踏みそうになったので大きな声をあげて横に飛び退《の》いた。

すると、倒れていた男は地面にずぶずぶと吸い込まれて消えてしまった。

Kさんは事態が飲み込めず目をまん丸くして彼が消えた地面を凝視した。

そこで初めて青い作業着の彼が生きている人間ではないことに気がついた。

周りの人はKさんの挙動に驚き、距離をとるようにしてこちらを見ている。

周囲の視線に急に恥ずかしくなり逃げるようにその場を離れた。

じつは、その後も時々彼が駅のホームに立っているのを見かける。

はじめは人間にしか見えなかった彼も、だんだんと薄くなってきており背景が透けて見える。もしかしたらこのまま消えてしまうのかもしれない。


この不思議な体験を家族に話した。すると、いまから十五年ほど前に、東神奈川駅の階段下で身元不明の白骨化遺体が発見されたことを教えてくれた。

白骨化したということはどれだけ長い年月、独りでそこにいたのだろうか。

もし彼がそうなら成仏してほしい、とKさんは言っていた。

駐輪場

当時、高校生だったSくんは横浜にある学習塾に通っていた。
ある夏の日、彼は塾が終わると自転車を取りに地下駐輪場へと向かった。
携帯電話で時刻を見ると夜の十時を回っている。
エレベーターで地下に降りはじめるとSくんは違和感を覚えた。
明らかに降下速度がいつもより遅かった。
突然、花火ようなばぁんという音が響くとエレベーターが停止してしまった。
階のボタンや緊急通話ボタンを試しに押してみたのだが反応はない。
どうしようかと考えているとエレベーターの明かりが消えて真っ暗になった。
Sくんは焦ったが、すぐに携帯電話のことを思い出した。
助けを求めるために取りだしてみると画面は暗く電源が入らない。
先ほど時刻を確認したときにはバッテリーは残っていた。
彼は不安に押しつぶされそうになりながら声をあげはじめた。

横浜
よこはま
Yokohama

「誰か、誰かいませんか……」
暗闇の中で叫びながらエレベーターのボタンをでたらめに押しはじめる。
真夏だというのに鳥肌が立つほどに寒い。
そのとき、暗闇の中に女の声が響いた。
――ドアが閉まります
エレベーターの案内音声だった。驚いていると音声が繰り返された。
――ドアがしまりますすすドアがしまりますすす
Sくんは混乱し、叫び声をあげながら殴るようにボタンを連打した。
――ドドドドアがががががドドドドアがががががドドドドアがががががが
壊れた音声にSくんの叫び声が重なる。
このとき、Sくんは背後に何者かの息遣いと確かな気配を感じていた。
突然、エレベーターが動き出すとSくんは地下へと降りることができた。
彼は別の出口から地上に抜けると家へと逃げ帰ったという。
後日わかったことだが、その日はエレベーターに故障はなかったそうだ。

大阪〜横浜〜大阪

Oさんという美術教師をしている女性が体験した話である。

Oさんは、日頃から心霊体験に遭遇する体質だった。その中で不可解な体験として、あるモノに追いかけられることがしばしばあるという。そのはじまりは、高校時代だった。Oさんは当時大阪の高校に通っていた。

大学入試を控えた冬の日、クラスメイト三十名ほどが夕方近くまで居残りをしていた。入試対策のデッサンの練習をしていたのだ。Oさんも友人たちと勉強に集中していたが、途中でトイレに行きたくなった。自分たちがいる教室から一番近いトイレは、隣の棟と繋がっている渡り廊下を抜けたところにある。近いといっても、百メートルほどの廊下を行く必要があり、それなりの距離があった。冬の夕方の校舎の廊下は、電気をつけたとしても薄暗かった。（雰囲気あるな……）そう思いながらも暗い廊下を一人歩いていると、隣の棟に差しかかった時点で自分の目の端に人影が立っているのが見えた。はっとしてそちらに目を向けると、そこには制服のスカートと白い靴下、学校指定のピンクのスリッパを履

横浜
よこはま
Yokohama

いた足下が見えた。体はよくわからないが、はっきりと足だけは確認できる。じっと見ていると、足がその場で上下に動きだした。まるで地団駄を踏んでいるようだった。（え？何してるの……？　あ、おしっこでも我慢しているのか？　トイレ入ればいいのに……）と考えを巡らせつつも、異様な雰囲気に顔を上げることができなかった。そのまま足早にトイレに入ったが、その子は入ってくる気配がなかった。

用を済ませたOさんは、トイレからそっと出て廊下を見回した。先ほどの子がいないのを確認して、すぐに教室のほうへ向かった。（この学校、よく幽霊でるっていうし、もしかしてさっきの子は幽霊かな……）そう思いを巡らせていると、後ろからパタパタとスリッパの音が聞こえてきた。ついてこられたかもしれないと思うと恐怖が込み上げてきて、堪《たま》らずに走り出した。

しかし、Oさんは怖いとは思いつつも、これはもしかしたら人間かもしれないとその存在を直接確認したくなった。長い廊下を走っている途中で、廊下の仕切りのガラス越しに後ろを確認した。すると、自分の後ろに白い人型のシルエットが見えた。それがどんどん自分に近づいてくる。声にならない声をあげながら、教室に滑り込んだ。息を切らして帰ってきたOさんにクラスメイトが驚いていた。そんなクラスメイトを見て、Oさんはすぐに、

「幽霊おるで！！！」

と叫んだ。クラスメイトの数名が廊下を見にいってくれたのだが、

「誰もおらんがなー」

と返されたという。

Oさんは謎の存在に追いかけられてから数年後、教員採用試験のために横浜に来ていた。横浜でも有名な特徴的な形をしたホテルに泊まった。チェックイン後、翌日の試験のために持ってきていたスーツにアイロンをかけることにした。アイロンを使いたい旨を部屋の電話機からロビーに連絡すると、ホテルの人が部屋までアイロン一式を持ってきてくれることになった。お礼を言い、受話器をもとに戻した瞬間、

――コン、コン
ドアを叩く音が聞こえた。(え？ もうアイロン持ってきてくれたの？ 早すぎない？)と思いつつ、ドアを開けた。しかし、そこには誰もいなかった。それでも人がいる気配を感じたので、ドアの後ろを回り込むように覗いてみた。すると、黒い艶《つや》やかな革靴が見えた。革靴を履いた足先はこちらを向いていた。

「え……？」

目線を上げることができずに、ただただその足下を見ていると、その足は後退りしだした。

ドアの後ろに階段でもあるのかと、さらにドアを大きく開け奥を覗こうと身体を前に出したが、そこには壁しかなかった。気づくと革靴を履いた靴は消えていた。

教員採用試験が終わった三か月後、Oさんは彼氏と大阪難波《なんば》のとあるラブホテルに泊まった。そのあたりは昔、遊郭があった場所で心霊の噂も数多くあることで有名であった。Oさんもこの噂が気にはなっていたが、ホテル内では特に何かが起こるということはなかった。

翌朝、帰るためにエレベーターに乗っていると途中の階で止まった。扉が開くが誰も乗ってこない。念のためにと、Oさんは、エレベーターから一歩身を乗り出して、フロアを覗き込んでみた。しかし誰もおらず、ふと目線を下に向けると黒く光る革靴が見えた。すぐに横浜で見た足下とまるっきり一緒であることがわかった。さらにその足は、ここでも後退りをしだした。横浜からついてきているかもしれないと思ったが、彼氏に余計な心配をかけまいと、

「間違いだったみたい」

と言って平静を装った。

それからは足だけについてこられることはないのだが、いつまた出会うのかいまも気になっているという。

横浜の実家

横浜にあるKさんの実家でこんなことがあった。

彼の実家は二階建ての一軒家だ。

まだKさんが小学生の頃、妹がKさんにこんなことを打ち明けてきた。

「お兄ちゃん、家に幽霊いるよ！」

突拍子もない発言に何を言っているのかと思ったのだが、その顔は真剣な表情だった。どういうことか尋ねると、妹はこんな話をはじめた。

妹はその日、階段の下から二階に向かってゴムボールを投げて一人で遊んでいた。跳ね返ってくるボールをキャッチして、また上にボールを投げる。そんなことを繰り返していると、ボールが階段から外れて二階の奥の部屋に転がっていってしまった。

上の階に行ってボールを取りに行こうと階段に一歩足を乗せると、階段の上から白い腕が片手だけ伸びてきて、ボールをポンと跳ね返して戻してくれた。その日は家に一人で留

横浜
よこはま
Yokohama

守番をしていたので、上の階に誰もいるはずはないのはわかっていた。

「怖くて見にいけなかったけど、あれは幽霊だと思う」

と話してくれたのだ。

Kさん自身は実家で幽霊を見たことはないのだが、妹は大人になって何十年と経ったいまも、実家で起こったあの出来事を思い出しては、兄のKさんにこの体験談を語るのだという。

良かったな、横浜で

横浜
よこはま
Yokohama

「十六、七年前です。友人とふたりで関東の心霊スポットには相当いきました。

私たちはその頃、ネットの情報を頼りにどこへいくか決めていました。

しかも、わざわざホテルまでとって。当時はいまよりもネットの情報っていい加減で、特に心霊スポットなんかはひどいもんでした。事件事故の事実より、こんなゆうれいの目撃談があるみたいな、ウワサだけで組み立てられているものばかりで。私たちも単純でしたから、情報を仕入れたら裏取りせずにそこへ向かっていました。

横浜に〇〇〇の国っていう大きな公園があるんです。家族連れなんかが集まるのどかなところなんですが、そこに防空壕があって、むかしその防空壕でたくさんひとが死んだっていうのを読んだんです。サイトの記事をそのまま鵜呑みにして。ワクワクしながら向かいました。今度こそ、ゆうれいと会うかもなんて。考えてみれば本当に不謹慎ですよね。戦時中のものを、歴史の悲劇を楽しんでいるんですから。

夕方に到着して、防空壕を見つけたときにはもう暗くなっていました。もちろん昼よりも夜のほうが雰囲気あるので、いい感じだと思いましたよ。

なかをふたりでしゃがみ込んで覗いていました。『ここはかなり恐怖度高いよな』『ここは間違いなくでるな』なんていいながら。いま思えばバカですよね。なかに入る前にそうやって騒いでいると『おい』と声をかけられました。

『あんたら、そんなところでなにやってるんだ?』

びっくりして、振り返ると老人が一人立っているんです。

別に悪いことしてるワケじゃないと信じていたんで、バカ正直にいったんです。

『ぼくたち霊を探しにきたんです。今日は霊、防空壕のなかにいますかね?』

老人は呆れた様子で、ため息を吐《つ》きました。当然の反応ですね。

『わしは地元の者だが、入らんほうがいいと思うぞ』

『え? どうしてですか? あ、わかった! やっぱり呪われるからですね!』

意気揚々とそう答えましたが、そうじゃなく崩れるからと老人はいうんです。

『崩れたら生き埋めだ。キミたちのほうが、ゆうれいになるぞ。いいのか?』

崩れるなんて考えていなかったもんだから、いきなり怖くなっちゃって。

しかもその老人、この防空壕で死んだやつはいないとかいうんです。なんでもその付近にはむかし弾薬庫があって、そこで事故が起こったことはあったけど、その防空壕内ではなにもなかったハズだっていうんです。

　私たちは肩を落としてしまいました。そりゃそうでしょう、ホテルまでとってきていたんですから。ぼくらをみて老人は気を使ったのか『なんか余計なこといっちゃったかな。悪いね』と謝ってきました。生き埋めになるよりはいいんですけど。『どこか泊まるところあるの？』『予約してますから。ホテルに帰ろうと思います』『どこのホテル？　送っていこうか？』『いえ、ぼくたち車乗ってきたので』ホテルの名前とその住所をいうと『よかった！』と安心した様子でいいました」

「あそこらのホテル、飛び降り自殺とか事件とか多いから間違いなくいっぱい霊はいるよ。知りあいも最近、あのへんのホテルに泊まりにきて頭の割れたおんなに首を絞められたし。良かったな、横浜で。帰ったら霊がお前たちを待ってるよ！」

キャベツ

介護士のＫさんは、とある家族から相談を受けた。

それは桜木町で一人暮らしをしているおばあさんを介護施設に移したいというものだった。彼女には認知症の気がありいつまでも独りにしては不安だという。

そこでＫさんがその手伝いをすることになった。

手続き上、一度本人に会う必要があり電車を乗り継いでおばあさんの自宅へ向かう。

到着すると、三面がビルに囲まれている日当たりの悪い木造アパートだった。

数年後に取り壊しが決まっていたためほとんどが空き部屋になっているようだ。

二階の奥にある部屋をノックして声をかけたがなかなか出てこない。

日を改めようかと思った頃に、ゆっくりと警戒するようにドアが開いた。

出てきたのは、痩せ細って歩くことも辛そうな老婆だった。

身なりはこざっぱりしているものの、頬がげっそりとやつれて表情は暗い。

Ｋさんは彼女に招かれるまま部屋に上がらせてもらった。

室内はすべて和室で家財道具も少なく閑散としていた。

畳の上に傷んで色の変わったキャベツが一玉だけ、ごろりと置かれていた。

なぜこんなところにキャベツがあるのだろうとKさんは不思議に思った。

差し出された座布団に座り、おばあさんからいろいろと話を聞く。

「このアパートの住人たちが嫌がらせをしてくるんだよ」

夜、布団で寝ているとベランダに一人、二人と集まってくる。彼らは一晩中窓に張りついて部屋の中をじっと覗いて監視してくる。堪らず起き上がって文句を言いに行くと、さっと逃げてしまうそうだ。

「さっきから聞こえるでしょ、あの音。隣の部屋の若い夫婦が壁を叩いてる」

もちろん、Kさんには壁を叩く音など聴こえない。それにこの階にはおばあさんしか住んでいないように思えた。彼女は興奮しながら奇妙な被害を訴え続けた。

「朝になるとたくさん歯の生えた真っ黒い化け物が枕元で私の顔を覗いていうんだよ。あと少しだ、あと少しだって。喰おうとしているの、私を。喰われたくないからね。だから身代わりにキャベツを置いてるんだ」

その迫力に気圧《けお》され気味が悪くなりながらも症状が悪化しているのだと考えた。

なんとかおばあさんを説得して施設に移ってもらう方向で話を進める。

荷物の量や生活状況を確認するのに、ひととおり家の中を見せてもらった。

ベランダに出てみると黄ばんだ小さい石ころのような物がたくさん落ちている。

しゃがんで手に取ると人の歯のようだった。まるで玉砂利のように排水管の周りに落ちている。困惑しながらも人間の歯って何本だっけ、とKさんは思った。


早くおばあさんを綺麗な施設に移してあげたい一心で、連日Kさんは家族や役所と連絡をとりながら入所手続きを進めていた。だがそれも徒労に終わった。彼女が自宅で亡くなっていたという連絡があったのだ。押し入れの中で小さく丸まり冷たくなっていたそうだ。

部屋の中には黒くどろどろに腐ったキャベツが散乱していた。遺体を発見した者によると、キャベツは――動物が喰い散らしたようにも見えたという。

横浜スタジアムの夏

「うわ、ひと多いな。ぜんぜん進まないじゃん」

「さすが大御所だな。中年多いけど、若いひともいるし。世代の幅が広いわ」

「すげえ良かったな。最後の曲とかヤバかったよ」

「うん。良かった。この歳になって、ライブ観て感動するとか思わなかった」

「でもオレ、あいつもきて欲しかった。絶対三人で一緒に観るって約束したのに」

「ちょっと前まで生きてたのにな……寂しいよ」

「病室でさ、夏まで頑張れ、約束しただろっていったら、あの息するためのマスク外して、ふざけたこといってた。苦しそうに笑って『だって夏じゃない』だって」

「それは今日歌わなかったけどな。あの状態でよく笑わせようとするよな」

「ホントそうだよな。笑ってたよ。オレも笑っちゃったけど」

「自分がいちばん苦しくて悔しかっただろうに。ウケねらうの、あいつらしいよな」

「いやホント、一緒に……きたかった」

関内
かんない
Kannai

「……そうだな。一緒に観たかったな、あいつも」

『観てたよ。楽しかったな』

「おい、聞こえたか？　いまうしろから聞こえたの、あいつの声か」

「そうだよな、一緒に観てたよな。約束したもんな……絶対一緒に観るって、うう」

「うう、泣くなよ。お前。うう、うう、いい歳したおっさんが、うう」

「泣いてるの、うう、お前だろ……うう、うう、そっか、きてくれてたのか。まだいるのか、みえねえけど飲みにいこう。三人で飲もう。泣かずに飲もう。うう」

中華街

「はい、これでもう大丈夫。だと思うよ。うん、たぶん。大丈夫。だと思う。なんでそんな曖昧かって？　お祓いなんてそんなもんだよ。占いと一緒さ。当たるも八卦当たらぬも八卦ってね。もう横浜の中華街には近づかない？　なんで？

またなにか悪いモノが憑いちまうからってか。中華街がどうとか関係ないよ。だいたいね、アンタが悪いんだよ。とり憑かれるなんて、とり憑かれた本人が悪いんだ。アタシもね、こんな商売やって長いからさ、もうわかっちまうんだよ。

とり憑かれるやつはとり憑かれる原因があるんだよ。なにか悪いことして悩んでるとか、こころが弱ってるとか。そういう隙間みたいのがあるから、あっちに目をつけられちまうんだ。わかるかい？　場所は関係ないの。こころを強く持つんだよ。

え？　ひとの多いところには霊も多いから、気をつけたほうがいいのかって？

まだそんなこといってるのかい。霊のせいにしてもなんにも解決しないよ。

そうやってなにかのせいにする癖をなんとかしな。とりあえず差別の意味、辞書で調べなよ。自分でわかってないんだろうけど、差別好きだろ。さっきの霊みてたらわかるよ。自分の失敗や無念を誰かのせいにして、自分の主張にしかこだわってないヤツだったからね。なんでそんなのに選ばれるのか、わかるかい？　アンタが同じような性格だからさ。自分はそんなことないって思っているだろ。ネットで叩く相手を無意識に探してるクセに。大人なのにＳＮＳで自分の主張ばっかりしてるクセに。悪霊と同じことやってんだよ。気をつけな。この本を読んでるアンタもね」

外国人のお婆さん

疲れていたんですよね、その夜。零時ごろでしたか。

「はい、零時ごろですね。そのころ連日やたら忙しくて。クタクタでした」

ゆうれいだと思いますか？

「いえ、絶対にゆうれいじゃないと思います」

なるほど。山手駅から自宅へ向かっていたときですよね。道の真ん中ですか。

「その時間は車の通行も少ないのですが、立ってたんです。フラフラしながら。遠目でも年寄りだってわかりました。どっちにいったらいいかわからないって感じで」

それで声をかけた。危ないですよ、でしたっけ？

「そうです。そのあと、どうかされましたかって訊きました。でも振りかえってビックリしたんですよ。模様のついた布を頭にかぶっていたので、それまで顔がわからなかったんです。たぶん、もう九十は超えてるって顔のお婆さんでした」

そのあとは？

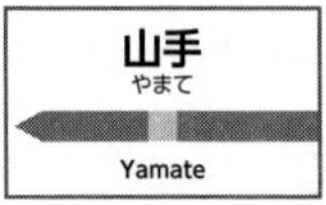

「日本語で大丈夫ですかって訊きました。そのあと、つたない英語でも。でもどっちも言葉がわからない様子で、困ったように笑っていたんです。にっこりと」

どこの国の方だったんでしょうか？

「わからないです。とりあえず、そこにいたら危ないので、服を軽くつまんで、一緒に道路の端へ移動しました。そのあともいろいろお尋ねしたんですが」

反応なく笑うだけだった。

「そうです。ああ、このお婆さん、きっと認知症なんだ。そう思いました」

それで近くの交番に連れていった。優しいですね。

「疲れていたので、ホントはすぐに帰りたかったんですが。放っておけなくて」

交番まで黙ってついてきたのですか。

「ええ、ずっと黙ってました。どこからきたんですかって日本語で訊いたり、下手な英語で訊いたりしましたが、なにも答えませんでしたね、ずっとにっこり。そのときになって、ああ、言葉がわからなくて答えられないんだな、ってわかりました」

警察官はいましたか、交番に。

「そこはいないときもある交番だったんですが、そのときはいました。お巡りさんもぼくとお婆さん交互にみて、なんだ？　この組み合わせ？　みたいな表情でした」

お婆さんの様子は変わらずですか？

「ええ、お巡りさんにも動じず笑顔でしたね。さすがに警察ってことはわかってるはずなんですけど。制服着てますし。お巡りさんもお婆さんが認知症かもしれないってわかったんでしょうね。

『ああ、迷っちゃったんですかね。とりあえず、そこに座ってください』

そういって椅子をすすめてくれて。ぼくはお婆さんをゆっくり座らせました。そのあと、ぼくも椅子にどっこいしょって座りました。疲れていたんで、どすんと。

ぱっと照明が点滅したんです。交番のなかの蛍光灯が。その一瞬ですよ。一瞬、お巡りさんとぼくが蛍光灯を見上げて目線をもどしたら、お婆さんがいないんです」

いま座らせたばかりのお婆さんが消えた？

「はい。お巡りさんもぼくも『え？』って声をだして、まわりをみました。うしろの出入り口、戸みたいになってるんですけど、そこも入ってきたとき閉めたので閉まったままです。お婆さんだけがウソみたいに消えてしまったんです。お巡りさんも『いま、消えたよね？』と顔を真っ青にしていました。どこいったお婆さんってふたりで交番から外にでて、周囲を探しました。でもいないんです」

結局、どうなりましたか？

「一瞬、目を離したスキにどこかにいったたってことになりました。事情、道に立っていたことも説明して、またパトロールしておくから、みたいなことといってました」

なるほど。私が訊いた、どこの道に立っていたかも説明したんですか。

「はい。机に地図が貼られていたので、それでだいたいの位置は」

ちなみにあなたはその時期、その周辺に引っ越してきたばかりだったんですか？

「なんでわかるんですか。その時期、数か月だけ住んでいたんです。会社の寮として借りられていた部屋だったので、ホントに短いあいだしか住んでませんでした」

わかりました。ありがとうございます。

お婆さんがいたという場所を聞いて、私も周辺を調べました。たとえば過去に事故で亡くなったお婆さんがいたかどうかとか。そういった事故の記録はでませんでしたね。こわいウワサがあるかどうかもネットで検索しましたが、同じような体験談はありませんでした。ただ、ひとつ気になったのは、その道、すぐ横にお墓がありますよね。古い外国人墓地が。もしかしたら墓地に、お墓参りのためにきていたお婆さんだったのかもしれませんね。まあ、時間帯を考えるとそれはないか。

ロフト

山手
やまて
Yamate

その男性は二十代の頃、夜のお仕事をしている女性と付き合い、初めて彼女の家にお邪魔することになった。外観は古い二階建てのアパートだったが、中は白と黒を基調としたロフト付きのリノベーションされた物件だ。

だが、部屋にあがって驚いた。家じゅう物で溢れ、洗面台は異臭を放ち、足の踏み場もない。そして、とにかく臭い。猫を飼っており、よく見るとトイレはフンまみれ。そうなると猫はトイレで用を足さず、別の場所でする。部屋中が猫の糞だらけだった。

彼女は毎日忙しいようだから仕方ない。今後のことも考え二時間かけて掃除を行なった。

ただ、荷物置きになっていたロフトには、なぜか頑なに上がらせてもらえなかった。

部屋がある程度片づくと、ゴミの中から二匹の猫が出てきた。猫には定位置のようなものがあり、一匹は出窓、もう一匹はテレビ台の中だった。

付き合いだしてから数か月が経ち、気がついたことがある。日中はまったく聞こえないが、深夜になるとロフトからカチカチと乾いた音が聞こえる。

さらに鳴き声も聞こえてくる。どうやらロフトには別の猫がいるようだ。

警戒心がほかの猫と比べて強いらしく、人間が眠りにつくとロフトから小さな足音を立てながら降りてきては餌や水を飲み、戻っていく。

そんなある日のことだった。

「少し出かけてくるから、ちょっと留守番していてね」

唐突に彼女が出かけて行ってしまい、初めて彼女の家で留守番することになった。

特にすることもなく二匹の猫と遊んでいると、猫が上を見上げたまま動きを止めた。

目の前で静止した猫の目には、ロフトが反射して映っている。

その目の中には、ぼさぼさ髪の女性がいた。右手にカッターを持ち、カチカチカチカチカチと音を鳴らしながらこちらを見ている。

「にゃお」女性が鳴いた。上がったことのないロフトに居たのは、猫なんかじゃなかった。

では夜中になると餌を食べに降りていたのは、いったい……。

荷物をまとめると慌てて玄関に向かい、ドアに手をかけた。

「にゃお」

鳴き声を背に逃げるように家を飛び出した。

結局それから彼女の家に行くことはなく、徐々に連絡も取らなくなり別れた。

サヨナラ　カズキ

根岸
ねぎし
Negishi

子どもの頃、和樹さんは根岸駅からほど近いところに住んでいた。

小学生のときはいまより遊ぶものが乏しく、いつも公園で遊ぶことぐらいしかできなかった。ところが当時、家庭用テレビゲームの登場で、遊びの様式が一変した。それまで外で遊んでいた子どもたちはテレビの前に集まることが多くなった。

半年ほど経った頃、同級生にもゲームを買う人が多くなった。でも和樹さんの両親はゲームで遊ぶことに否定的な考えだったので、ゲーム機を買ってもらえなかった。なんとかして手に入れたいと思っていたところに、教室で和樹さんの傍にT君がやってきた。

「和樹君、うちでゲームやらない？」

クラスメイトではあるものの、T君とはあまりしゃべったことがなかった。そんなT君から唐突に誘いがきたものだから和樹さんは面食らってしまった。

「ほんとに？　やらしてくれるの？」

誘われるまま、ついていくことになった。

T君の家はアパートの二階にあり、お世辞にも裕福とはいえない家だった。玄関を通ってリビングにいくとキッチンに母親が立っていた。元気よく挨拶してから、一緒にゲーム機が設置してあるテレビの前に座った。

ゲームの内容は敵や障害物を避けながらゴールを目指すものである。和樹さんは夢中になっていたが、予想以上に難しく途中から操作はT君に任せてしまった。

「すごーい、T君うまいね」

「毎日やってるからね。でも難しいところがもうすぐあるんだよ。ほら」

話しているうちにゴール近くになってきたのだろうか。さらに難しくなっていき、T君も真剣な表情だった。もうすぐゴールのようだ。あと少し、あと少し。

突然、画面に砂嵐が出る。

驚く間もなく真っ黒な画面になってしまった。

そしてゲーム独特の角張った文字が左から右へと表示されていく。

サヨナラ　カズキ　サヨナラ　カズキ　サヨナラ　カズキ。

延々と現れたのは和樹さんの名前だ。

「ねえ、これ何……」画面を指さした。

しかし、T君は答えてくれなかった。

見ると彼は虚《うつ》ろな目で意味不明なことをつぶやいていた。

「もうすぐクリアだから。もうすぐなんだ、もうすぐだから、もうすぐ」

その言動は正気とは思えなかった。怖くなった和樹さんは振り返り、キッチンにいた母親に声をかけた。

「T君の様子がおかしく――」

和樹さんは言葉に詰まってしまった。

こちらに背を向けたT君の母親は長い髪を振り乱しながら勢いよく頭をぐるぐる回している。身体は直立不動のままだが、頭だけが目まぐるしく動いている。

隣では壊れたラジオのようにT君が同じ言葉を繰り返していた。

「もうすぐ、もうすぐ、もうすぐ」

耐えきれなくなった和樹さんは、震える足で立ち上がり、玄関まで一目散に逃げた。急いで靴を履いていると、

「和樹君、ひどいよ。もう少しなのに」

それとともに、

「ねえ、もうすぐなのにね。本当にもうすぐなのよ」母親の声も聞こえた。

怖くなった和樹さんは振り向くことなく、「ごめんなさい」と震えながらつぶやいた。すると、後ろから近づいてくる足音が聞こえたので外に飛び出していった。

次の日、T君は何事もなかったかのように、和樹さんに話しかけてきた。

そして小さな財布を差し出して、昨日突然和樹さんがいなくなったこと、財布の忘れ物があったこと、ゲームをやりにまた遊びに来てほしいことをT君は伝えた。和樹さんも昨日の出来事があったにもかかわらず、ゲームをやりたいがあまりに「じゃあT君のお母さんがいない日に誘ってくれる?」と聞いた。

「え、うちは共働きだからお母さんは昼間いないよ」

葬儀場へ

「お母さん、どこいくの？　磯子の改札はこっち。通りすぎてるよ」

「……ちょっと待ちなさい。声、するから」

「声？　なにいってるの？　そっちはなにもないよ。もう電車きちゃうじゃない」

「次のに乗ればいいんだよ」

「もう、なんなの。どこいくのよ」


「ほら。だからいったじゃない。こっちはなにもないって。道路だけなんだから」

「違うね。あっちからだよ」

「なにいってるの、ホント。飛行機に間にあわなくなっちゃうよ」

「こっち、だね」

「どこいくの。なんもないってば、そっちは」

「ほら、みてみなさい。あそこだね」

「なによ。誰もいないよ」

「よく、耳をすませなさい。聞こえるでしょ」

「聞こえるって車の音しか聞こえないでしょ。反響して、うるさいだけよ」

「悲鳴だよ」

「悲鳴？　なにいってるの？」

「あの世にいきたくないんだろうね。引っぱられて、しがみついてる声」

「もう、ふざけてる時間なんか……」

「聞こえるだろ」

「……ホントだ、聞こえる。なに？　この叫び声。ちょっと、こわい」

「こわくはないさ。あそこから旅立つのは、まだ幸せなひとたちだからね」

「あそこって……たしか」

「私もそのうち、いく場所だよ。葬儀場さ。本当にすごい悲鳴だねえ、ふふっ」

生えている

横浜市にある新杉田駅の近くに住む知人に、何か怖い話はないかと尋ねた。

すると、自分には霊感があり時々だが幽霊を見るという。

彼が幽霊を見る場所は、小学校と決まっているらしい。黒いモヤモヤした人型のものが地面から複数まばらに生えており、子どもたちに混ざって、ゆらゆらと揺れているという。

恐らく彼らには見えてはいないのだろう。駆け回る子どもたちがそれに触れると、一瞬だけモヤは空中に飛散する。だがすぐにまたもとの形、もとの場所へと戻る。

生えている様は、まるでチンアナゴのようだと彼はいっていた。

ある日、彼が小学校の前を車で通ると横断歩道に生える白い大きなモヤが見えた。

なんとなく嫌な感じがした。だが後続車も迫っており急にUターンができる場所でもなかったので、そのまま車で轢いてしまった。

彼はドキドキと鼓動の高鳴りを感じながらふとバックミラーを見る。

新杉田
しんすぎた
Shin-Sugita

三列目の後部座席に、はっきりと人の形をした白いモヤが座っていた。
子どもではなく、大人のサイズ。車に乗り込んできたのである。
彼は恐怖を覚えた。
きっとこれは良くないものだ。どうにか降ろせないかと必死になって考える。
ミラーで後続車がいなくなったことを確認して、ぐっと急ブレーキをかけてみた。
ぎゅるぎゅると車が音を立てて激しく揺れた。しかし、それは座ったままだった。
あとはただ祈るしかない。
(消えろ消えろ消えろ……)
彼の念が通じたからなのかはわからない。それはぱっと一瞬で宙に溶けていった。
五分ほどの間にあった出来事だ。

招かれざる者

当時、Sさんは洋光台駅のすぐ側にある社宅に夫と幼い子どもの三人で住んでいた。洋光台は都心へのアクセスが良く、それでいて落ち着いた雰囲気を持つ居住地として人気の高いエリアだ。

専業主婦であるSさんは、公園に子どもを連れて散歩に行くのを日課にしていた。昼間は家族連れで賑わう公園だが駅が近いということもあって夜でも人通りは少なからずある。

その日、朝早くに出勤する夫を玄関で見送った。リビングに戻ると夫が携帯電話をテーブルの上に置き忘れていることに気がついた。急いで追いかければまだ間に合うと思い慌てて子どもを抱きかかえて家を出た、しかし、公園を抜けても夫の背中は見えずそこで追うのを諦めた。

もしかしたら忘れ物に気がついて夫が引き返してくるかもしれない。

Sさんもひと休みしようと公園のベンチに腰かけて子どもは芝生で遊ばせた。

「とと、とと」

子どもは舌足らずで、そう言いながら少し離れた場所にある滑り台を指さす。

子どもが言う「とと」は、父親のことだ。

「ととは、お仕事だよ」

Sさんが優しく子どもの頭を撫でると目を丸くして不思議そうに首を傾げた。

今度は滑り台とは逆の方向にある公衆トイレに向かって「とと」と言う。

それを見てSさんは、なんだか可笑《おか》しくなった。

「ととは、トイレじゃないよ」

そう笑いかけると子どもが急に駆け出した。慌ててあとを追いかけ手を引く。

子どもの視線の先には、ひと際目立つ樹齢を重ねた桜の大木があった。

枝には黒く大きな影がぶら下がっていた。大人ほどのサイズだ。ぐるんぐるんとまるで風に揺られるミノムシのように大きく左右に弧を描いて回転している。

あたりはまだ薄暗くはっきりと見えない、それが何かはわからなかった。

Sさんは気味が悪くなり、その正体を確かめることはせず急いで子どもを抱えて自宅へと戻った。

家に着いて五分も経たずに玄関チャイムが鳴った。

はーい、とSさんが大きな声で返事をする。
「いーれーてー」
夫の声だった。
きっと携帯電話を忘れたことに気がついて戻ってきたのだ。
慌てて玄関に駆け寄る。ドアスコープを覗くと……そこには誰もいなかった。
「いーれーてー」
再び夫の声だけがする。
すると、子どもが「とと、こわい」と言ってわんわん泣き出した。
そこでSさんも事の異様さに気がついた。
もし夫なら合鍵を持っているのだから勝手に鍵を開けて入ってこられるはず。
なのにそれはひたすら無機質な声で「いれて」と繰り返すだけである。
Sさんは覆い被さるように泣いている子どもを抱きしめてリビングで震えていた。
(お願いだから入ってこないで!)
必死にそう念じていると声はしなくなった。
数時間後、救急車かパトカーか、外から聞こえるサイレンの音がうるさい。

妙に不安になって恐る恐る玄関ドアを開けて外に出た。すると、ほかのアパートの住人たちも同じようにみな廊下に出て何があったのかと話しているところだった。

どうやら近くの公園に警察が来ているらしいが事情はわからない。

その夜、帰宅した夫に今朝の出来事を話した。夫は電車に乗ったあとに忘れ物に気がついたため家に戻ることはしなかったという。

あとからわかったことだが、その公園で身元不明の中年男性の遺体が見つかったそうだ。男性は全身黒い服を着ており、Sさんが公園にいた時間にはすでに亡くなっていた。死因は首吊りによる自殺であった。

幼かった子どももいまや十二歳になる。当時の記憶は残っていない。だがいまでも時々「黒いお化けの夢を見た」と泣きながら夜中にSさんを起こすことがあるそうだ。

駐車場の首吊り

「友人とふたりで車乗って話してたんですよ。ぼくが運転しながら。

ちょうど何日か前にみたホラー映画の話してて。そのあとこわい話になって。

そしたら友人がいうんです。その友人の母さんが最近、首吊りみたって。

どこでみたんだよって訊いたら、港南台にある病院の駐車場だっていうんです。

病院の駐車場で首吊りって珍しいじゃないですか。

なんで死んだんだろうな、病院で重い診断でも受けたのか、それか家族が病院で亡くなって、そのショックで首吊ったのかな。いや、入院患者が治療きつくて痛みに耐えきれず、ラクになりたかったのかな。そんな勝手な話をしてたんです。

でも友人の母さんがみた首吊り死体は、私服のおんなのひとだったそうで。

私服だったら入院患者じゃないか。なんでわざわざ病院なんだろ?

もしかして、ゆうれいになってその病院の駐車場、さまよってるんじゃないの。

そんなこといいながら楽しくこわがってたら、その駐車場みにいくことになって。

港南台
こうなんだい
Kōnandai

北鎌倉のほう走っていたもんですから道も暗くて、いい雰囲気。到着するまで怪談大会してましたね。で、あっという間に到着して。すぐ前に車を停めてなかに入りました――大きい病院でしたよ、思ったよりも。

首を吊るくらいですから。駐車場もかなり広いか、地下にあるのかと予想していましたけど、病院入口の真ん前にあって、けっこう目立つんです。

よくこんなところで首を吊ったな。

友人と話しながら歩いていました。不気味さがぜんぜんないのでガッカリはしましたね。警備員らしきひとが病院入口からこっちをじっとみているのに気づいて、注意される前に退散だって駐車場からでて車に向かいました。車は病院の真ん前に停めていたんですが――ないんです。

あれ？　車どこいった？　まさかレッカー？

あせっていると友人が、ほら、アレだろって、道の先を指さします。

車が移動してるんです。距離にして五十メートルくらいでしょうか。線路の高架下に停まってるんです。

オレ、あんなところに停めてないよなって友人に何度も確認しました。そこ、少し坂になっているんで、もしかしたらサイドブレーキあげてなかったせいで、勝手に進んだんじゃないかって話になって。

もしそうなら、いまみえてる車はなにかにぶつかって止まっている？

ヤバい！　と思って車まで走りました。ところが、車、なにかにぶつかって止まっているワケじゃない。普通に停車しているんですよ。乗って確かめたらサイドブレーキもさがってない。本当にきっちり停まってる。

友人とふたりで不思議がっていると、車の右斜めにある、公園？　みたいなところ、そこに、男性が立っていることに気づきました。真っ白い顔で瞬きもせず、こっちをみているんです。目が合った瞬間、友人とふたりで凍りつきました。

その男性、上半身しかない。浮いているんです。すぐ下、地面にあるポールがハッキリみえる。すぐにキーを刺して車を発進させ、その場から離れました。ハンドルを持つ手が激しく震えていたので友人はゆっくり！　事故るぞ！　ゆっくり！　と叫んでいました。

しばらく進んで、コンビニで車停めて。

こわかったあ、こわかったあと友人と青くなっていました。

『おい』

声が聞こえて振りかえると、後部座席にさっきの男の顔が浮いている」

自転車置き場

本郷台
ほんごうだい
Hongōdai

「地元、久しぶり。この駅も懐かしいわ。まあ、駅なんて、たいがい似てるけど」

「そりゃオレもだけどね。ぜんぜん変わってないよな」

「さっきから改札口みてるけど、ひと少なくなったかも。もっと多かった気がする」

「日本の人口、減ってるらしいからね。本郷台も影響あるんじゃないの」

「そこの自転車置き場、オレ使ってたわ。高校いくとき。朝、ダルかったなあ」

「そういえばさ……お前、同級生のNさんって覚えてる？」

「同級生のNさん？　ああ、中学のときの。覚えてるよ。可哀そうだよな」

「Nさん。事故だっけ？」

「病気じゃなかったっけ？　十年くらい前だから、まだ高校生だったよな」

「若いのに可哀そうだよな。同級生で死んだの、あの子くらいじゃないの？」

「そこの自転車置き場、Nさんも使っていてさ、ときどき朝みかけたもん」

「そうなんだ。挨拶とかしてたんだ」

「いんにゃ。ぜんぜん。あの子としゃべったことないよ」

「大人しい感じの子だったもんな」

「大人しいっつうか、暗い感じだったな。いつも教室の端っこにいたし」

「なんか、いつも誰かをじっとみていたよな。無表情で」

「そうそう。なに考えてるかわかんない子だった」

「たしかあいつ、親いなかったんだよ」

「そうなの？　なんで？」

「知らない。お祖母《ばあ》ちゃんとふたりで暮らしてたらしいぜ」

「ああ、聞いたことあるわ、それ。家がやたら貧乏だったんだろ」

「近づいたら、すえたニオイしてたもん」

「なんだよ、すえたニオイって。体がくさかったってことか？」

「なんか押し入れみたいなニオイしてた。あんまり洗濯してなかったんじゃないの」

「女子なのに？」

「そう、女子なのに」

「押し入れみたいなニオイってことは、お前と同じニオイだったってことか」

「ふざけんな。オレ押し入れのニオイするか？　しねえだろ」

「するする。いま、まさにニオイするわ」

「……いや、お前だろ。いま風に乗って、におったもん」

「あ。そうやってひとのせいにしますか。それが社会で覚えた処世術か？」

「処世術ってなんだよ。変な言葉、覚えやがって」

「変な言葉じゃねえよ。お前のアタマが悪いだけだよ」

「悪くねえし。実際、お前からニオイするし」

「しねえし。お前からにおうし」

「お前だし」

「オレじゃねえし」

「ああ、わかった。お前じゃないわ」

「だろ。やっと気づいたか」

「オレでもねえわ」

「は？　お前だし」

「いや、Nさんだし。ほら、自転車置き場からこっちみて歩いてくるし」

スケッチ

これは大船駅近くの学校で教師をしている女性のIさんが聞いた話である。

Iさんが勤める学校では、たくさんの学校行事がある。そのひとつに、公園で動植物をスケッチするという校外学習がある。学区内には自然豊かで大きなS公園という場所があるのだが、わざわざ遠く離れた公園に行く。学生の引率も楽ではない。

Iさんは S公園に変更できないのか同僚に相談をした。すると同僚は、

「前まではS公園に行っていたのよ。でも……妙な出来事が続いてね」

十年ほど前、S公園の中央にある大きな池で学生たちがスケッチをしていた。見つけた動植物をスケッチしている女子生徒たちの中で、二人の生徒が池の中心を見ながら、一心不乱に筆を動かしている。引率の教師は様子をみるため、一人の学生の描く絵を横から覗いた。すると、そこには細い体をした一匹の鳥のような姿が描かれていた。眼光は鋭く、頭上には黒い羽のようなものが長く伸びている。しかし、その顔には鳥特有のくちばしが

大船
おおふな
Ōfuna

なかった。

「これはアオサギかな？　くちばしがないようだけど……」

教師は学生に声をかけたが、その子は一言も発さず、一点を見つめたまま繰り返し同じ線を引いていた。異様な様子に教師はもう一人の学生にも目をやると、学生の手元の絵にも細い体に鋭い眼光があり頭には黒い羽、そしてくちばしのない鳥が描かれていた。二人の学生は池を凝視しながら腕を動かし続けている。その鬼気迫る形相に圧倒されながらも彼女たちの視線を追うと、池の真ん中に細い女が立っていた。女は目をひん剝き黒髪を振り乱して、その口は怪鳥のように開いていた。真っ赤な口元はこちらを威嚇しているようだった。

教師は学生を避難させようと、声をかけ身体を揺するが反応をしない。思わず足元にあった小石を拾って、それを女めがけて投げつけた。すると、女はぎゃっと声をあげたかと思うと、池に溶けるように姿を消した。

女子生徒たちは正気を取り戻したが、教師に向かって、

「先生のせいで鳥が逃げちゃった」

と言うと、混乱した様子で大声を出して泣き喚きだした。

教師はなんとか二人を落ち着かせたが、先ほどの女を思い出して足場のない池の真ん中

に人が立てるわけがないと恐怖が湧き上がった。

その後もその池では、くちばしのないアオサギのような絵を描く学生がたびたび現れるようになった。


S公園では、こんな目撃談もあった。

S公園の池には多くの鯉がいる。紅白や三色、さらには白や金など美しい色の鯉が悠々と泳いでいる。

スケッチをしにやってきた学生たちが各々鯉を見て騒いでいた。鯉を見ながら興奮した様子で歓声もあがっている。その様子を見ていた教師は何事かと近づいてみると、学生たちは「次は黄色かな?」「いや、赤だと思うよ!」と言いながら鯉を見てなにやら予想を立てていた。何をしているのかと尋ねると、一人の学生が、

「どの鯉が潜水するか予想しているんです」

と興奮した様子で語った。学生曰く、泳いでいる鯉が唐突に潜水をはじめるのだという。どういうことかと教師も学生の輪の中に入って池を見た。そして学生たちの話に合わせて、

「じゃあ、先生はあの黒白まだらのやつで」

と言った瞬間、じゃぼんと音を立てて水中へと吸い込まれるように、その鯉の姿が見え

なくなった。まるで何者かに引きずり込まれたかのようで尋常な動きではなかった。教師は池の異変を察知した。

「先生、当たりましたね！」

歓喜をあげる学生たちに教師は自分たちが描く動植物を探すように、とその場を解散させた。改めて池に目をやると、先ほどまで多くいたはずの鯉は一匹だけになり静かに泳いでいるだけだった。

このようにS公園では奇妙な出来事が続くので、校外学習で選ばれなくなったという。

バスの行先

大船地区には県道二十三号線という幹線道路がある。

主要な駅へ行くための路線バスの本数が多く、バスを乗り過ごしたとしても次の便がすぐに来ることからバスは住民たちの重要な移動手段となっている。

A子ちゃんという小学生の女の子は、自宅のマンションからバスに乗って塾に行くのが日課だった。塾は大船駅の近くにあり、いつも大船駅で降りて塾に向かっていた。マンション近くに停まるバスはすべてが大船駅を通る。そのため、A子ちゃんは行先についてはほとんど確認せずバスに乗っていた。

その日、学校から帰ってくるやいなや塾のカバンを持って、いつものようにやってきたバスに乗り込んだ。普段は混まない時間帯であったが、大船駅に近づくにつれて多くの人が乗り込んできた。気づけば外の景色が見えなくなった。いつもと様子が違うバスの雰囲気に不安を覚えたが、大船駅に着いたアナウンスを聞いてA子ちゃんは急いでバスを降りた。

大船
おおふな
Ōfuna

見慣れた大船駅前の大型商業施設を通って塾に向かうはずだったのだが、その施設がない。よく周りを見ると、降りたバス停は殺風景だった。さらに行き交う人もなぜか見慣れないような服装をしている。降りるバス停を間違えてしまったのかと思ったのだが、大船観音像は見えるし、モノレールの路線もある。大船駅であるようなのだが、景色がいつもと微妙に違う。仕方がないので誰かに道を尋ねようと思い駅のほうへ歩いてみたが、線路を走る電車を見て足が止まった。というのも、電車の形状が丸みを帯びていて見慣れないものだったからだ。これを見たA子ちゃんは自分がいてはいけない場所に来てしまった気がして、怖くなりバス停まで戻った。

ベンチに座り途方に暮れていると、人の良さそうなおばちゃんがやってきた。様子のおかしいA子ちゃんを心配してか、迷子なのかと尋ねてきた。A子ちゃんはどう伝えていいのかわからず、身振り手振りで自分がバスに乗ってやってきた場所がいつもと違うことを必死に伝えた。自分のいる場所がわからない、わけがわからないからもう帰りたい、と涙ながらに伝えるとおばちゃんは、

「まぁ、とにかくバスを間違えちゃったのね。それで、お家はどこなの？」

と声をかけてくれた。A子ちゃんは自分の住んでいるマンション名を伝えるが、

「なぁに、その名前は……外国語？　聞いたことないわ」

と怪訝そうに返した。マンション名が伝わらないので、近くの警察署やマクドナルドのある通りだと目印になる場所を次々に言うが、まったく検討がつかないという様子だった。おばちゃんも近くにありそうな場所の名前を言ってくれるのだが、どれも聞き馴染みのないものばかりだった。A子ちゃんはいっそう不安になったが、思いつく限り近くにある場所や施設の名前をあげた。すると、その中で唯一おばちゃんが知っていた場所があった。それは天神橋《てんじんばし》だった。

「ああ！　はいはい、やっとわかった。岩瀬《いわせ》の先ね」

そう言うと、バスがちょうどやってきた。それを指さして、

「これに乗ったら帰れるわよ」

と教えてくれた。そのバスはやはりどこかいびつな形をしていたが、色合いは見慣れたものだった。おばちゃんは、バスの乗り口で不安がるA子ちゃんの背中を押して、

「降りる場所を間違えちゃダメよ」

と言って、その場を去っていった。

バスの扉が閉まり、走り出す。窓から見える風景はまるで見知らぬ場所だった。再び不安になってそのままへたり込むように座席に座り、目を閉じてバスの振動に身を預けた。どうしようかと体を強張《こわば》らせていると、聞きなれたバス停の名前が耳に入ってきた。反射

的に顔を上げ窓の外を見てみると、そこにはいつもの光景が広がっていた。（やっと帰ってこられた！）とすぐに降車ボタンを押した。

A子ちゃんはバスから降りるとホッとして大声で泣いた。横目で見たバスはいつの間にか見慣れたバスになっていた。急いで家に帰って自分に起こったことを家族に話すと、ただの記憶違いか乗り間違いだと諫《いさ》められた。

A子ちゃんは、もし戻ってこられなかったら、と日中のことを思いだすと足がすくむ感じがした。しかし、自分が行った場所はどこなのか知りたくなり、おばちゃんが言っていた名称をネットで調べた。すると、そこはどれもいまはない昔の地名であった。

面白い柱

「ああ、やっと寝た？　ありがとね、寝かしつけてくれて。最近、元気すぎて」

「あいつ寝る前にさ、なんか変な動きして遊んでたぞ。なにアレ？」

「変な動き？　どういう動きよ」

「首。こうやって横にゆっくり振って。流行ってるの？　そういうアニメとか」

「ああ。そういえばやってたわね。そんな遊び。みんなで」

「みんなで？　みんなって？」

「夕方ね、駅で買い物してたら、ご近所のママたちに会ったの。私と同じで子ども連れの。それでね、立ち話して盛りあがってたんだけど。そのあいだほかのお子ちゃまたちとあの子、そんな動きして遊んでたわね」

「やっぱアニメかな。それかそういうお遊戯みたいな、幼稚園でやってるのかな」

「そうじゃないよ。マネしていたんだって」

「マネ？　なんのマネなの？」

大船
おおふな
Ōfuna

「赤ちゃんとかいってたけど。どこに赤ちゃんいるのって訊いたら指さしてた」

「指さしてた？　通行人のベビーカーとかを？」

「私もそう思ったんだけど違った。みんな駅のところの柱を指さしてたよ」

「柱？　なんで柱に赤ちゃんなの？」

「わかんない。とにかく赤ちゃんがこうやって、ゆらゆら顔、振ってたんだって」

「意味わかんないな」

「柱のうしろ、ちょっとだけエスカレーターがみえるから、もしかしたらそこに赤ちゃん抱いたひとがいて、降りていくときあの子たちがみたのかもしれないね」

「ふうん。子どもは多感だからな。なんか知らないけど面白かったんだろ」


「あら、おかえり。今日は遅かったのね」

「あのさ……この前、子どもたち、首を振って遊んでたっていってたよな」

「うん、覚えてるわよ。駅のところでしょ」

「駅の横にある、小さいショッピングセンターの前か？　大騒ぎになってたよ」

「そうだけど、それがどうしたの？　大騒ぎ？」

「柱じゃないよ、子どもたちが指さしてたの。柱の横にあるコインロッカーだよ。今日、何か月も前からあった赤ん坊の死体が発見されたって」

著者紹介

糸柳寿昭（しやな・としあき）
怪談社所属、怪談の人。

植島 雅（うえじま・まさ）
怪談の語り手。メディアやイベントなど、多数出演。ネットラジオで聞いた実話怪談に影響を受けて怪談収集をはじめる。丁寧に紐解かれた体験談と重厚感のあるリアルな語り口が特徴。怖さ以外にも不可思議な話や人間味のある話に定評がある。

木根緋郷（きね・ひさと）
北海道うまれ岐阜育ち。
怪談イベント「木根緋郷の傀」主催、傀長。ＹｏｕＴｕｂｅチャンネル「怪談の根っ子」ではオカルトファッションユーチューバーとして活動する。

小森躅也（こもり・たくや）
15歳での初舞台を機に、演劇で青春時代を謳歌する。喜劇を中心に舞台演出／脚本／企画を担当。地元を離れてから「笑い」と「怖さ」が同じであることに気づき、簡単にできるだろうと舐めた態度で怪談中心の活動家になる。最近、寝ている時間に「足音が煩い」と下の階の人から怒られた。

千山那々（ちやま・なな）

沖縄出身、ユタの血を引く語り手にして怪談作家。ＴＶ、ラジオ、雑誌などあらゆるメディアに出演するマルチクリエイター。弁護士秘書という職務上、多くの怪事件を取り扱ってきた。怪談は浪漫、オカルトには懐疑的というスタンスをとりながらも日々実在する怪異を探究している。取材した心霊スポットは百を超える。

松永瑞香（まつなが・みずか）

看護師。東アフリカ・タンザニアで看護師として活動し、その後現地の呪術師に弟子入りする。それらの経験からアフリカの呪術や怪談を語る。２０２３年竹書房怪談文庫ｐｒｅｓｅｎｔｓ怪読戦にて優勝。映像制作もしており、東京ドキュメンタリー映画祭２０２２にて「呪術師の治療——タンザニア」が上映されるなど異色の経歴の持ち主。共著に『実話怪談 恐の家族』など。

宮代あきら（みやしろ・あきら）

２０２０年７月から怪談活動を開始。不定期に怪談ライブを主催。日常に潜む怪異を好み蒐集している。怪談最恐戦２０２２ではベスト４入り。２０２４年から「怪談ライブＢａｒ スリラーナイト 歌舞伎町店」に所属。

宜月裕斗（よろづき・ひろと）

看護師として医療に携る傍ら、医療現場で起きた不可解な怪異を蒐集している怪談看護師。配信、イベントにて看護師のリアルな体験を語っている。

★読者アンケートのお願い

本書のご感想をお寄せください。アンケートをお寄せいただきました方から抽選で５名様に図書カードを差し上げます。
（締切：2024年6月30日まで）

応募フォームはこちら

京浜東北線怪談

2024年6月5日　初版第一刷発行

編著者……………………………………………………糸柳寿昭
著者…………植島 雅、木根緋郷、小森躅也、千山那々、松永瑞香、宮代あきら、宜月裕斗
デザイン・DTP　……………………………荻窪裕司（design clopper）

発行所……………………………………………………株式会社 竹書房
〒102-0075　東京都千代田区三番町８－１　三番町東急ビル６F
email：info@takeshobo.co.jp
https：//www.takeshobo.co.jp
印刷所……………………………………………………中央精版印刷株式会社